公共经济与公共政策 齐鲁文库

朱 洁 著

基于 人口流动视角的 地方财政平衡研究

Research on Local Fiscal Balance Based
on the Perception of Migration

中国财经出版传媒集团

经济科学出版社
Economic Science Press

图书在版编目（CIP）数据

基于人口流动视角的地方财政平衡研究/朱洁著 .
—北京：经济科学出版社，2018. 11
（公共经济与公共政策齐鲁文库）
ISBN 978 - 7 - 5218 - 0005 - 0

Ⅰ. ①基…　Ⅱ. ①朱…　Ⅲ. ①地方财政 – 研究 –
中国　Ⅳ. ①F812. 7

中国版本图书馆 CIP 数据核字（2018）第 280961 号

责任编辑：李一心
责任校对：蒋子明
责任印制：李　鹏

基于人口流动视角的地方财政平衡研究
朱　洁　著
经济科学出版社出版、发行　新华书店经销
社址：北京市海淀区阜成路甲 28 号　邮编：100142
总编部电话：010 - 88191217　发行部电话：010 - 88191522
网址：www. esp. com. cn
电子邮件：esp@ esp. com. cn
天猫网店：经济科学出版社旗舰店
网址：http: //jjkxcbs. tmall. com
北京季蜂印刷有限公司印装
710 × 1000　16 开　11. 25 印张　150000 字
2019 年 2 月第 1 版　2019 年 2 月第 1 次印刷
ISBN 978 - 7 - 5218 - 0005 - 0　定价：40. 00 元
（图书出现印装问题，本社负责调换。电话：010 - 88191510）
（版权所有　侵权必究　打击盗版　举报热线：010 - 88191661
QQ：2242791300　营销中心电话：010 - 88191537
电子邮箱：dbts@ esp. com. cn）

总　序

年末岁尾，回望 2018，波澜壮阔，意义非凡。它不仅是中国特色社会主义事业进入新时代、全面开启发展新征程的元年，也是中国经济逐步驶上高质量发展轨道、总量跃上 90 万亿元台阶、人均 GDP 达到 1 万美元的一年，更是纪念中国改革开放 40 周年、全面总结改革开放历史经验、深化改革扩大开放再出发之年。

身处伟大新时代，全力做好筑梦人。山东大学公共经济和公共政策研究中心、山东省公共经济和公共政策研究基地的师生们同心同德，将自己的"小课题"与国家改革发展的大目标、大战略紧密联系，将自己的"小论文"与国家财税改革的大问题、大文章密切结合，产出了系列研究成果。此次呈现给读者的是经专家委员会认真甄选，入选"齐鲁公共经济与公共政策文库"和"齐鲁公共经济与公共政策研究报告"的第九批著作。

李齐云教授领衔的《深化税收制度改革与完善地方税体系研究》是历时四年完成的国家社会科学基金重点项目（14AZD023）的最终研究成果。该项研究将深化税收制度改革与健全地方税体系提升到国家治理体系和治理能力现代化的高度加以认识和研究，运用最优税收理论对税收制度设计进行系统分析,并对税制优化和地方税体系建设的核心要素——最优税权配置的基本理论、税权配置模式和最优税权配置评价指标体系等做出了系统阐述,厘清了"税权配置"这一深刻影响税收制度改进的关键性要素的运行机理;通过深入分析部分发达国家和发展中国家的税权配置、税收制度和地方税体系的演化进程,提炼出政治体制模式、地方税管理体制的类型与特征、世界税制改革三个关键要素对地方税体系变迁的影响,从中总结出可供借鉴的经验;对当前我国税收制度状况,尤其是税权配置和税权划分情况及效应、地方税体系的运行情况等进行了深入细致的实证分析,模拟检测了税权配置的不同程度与经济增长的关联度、地方税系和税种的社会经济效应等,为科学界定税收配置和管理权限的必要性和理论假说,并且为我国地方税体系建设提供了坚实的客观佐证;对我国税收制度改革和地方税体系建设的目标、方向、思路和方案进行了系统谋划,并从几个重要税种的设计入手重点勾画了健全地方税体系的构想和策略,旨在为构建适应我国国情的,有利于科学发展、社会公平、市场统一的税收制度体系提供参照方案和对策建议。

李昕凝博士的《金砖国家税制结构变迁:历程、成因及效应研究》,是各国税制结构研究方面有特色、有价值、有新意的成果。作者以艰苦的资料搜集与梳理工作为基础,力求全面细致地分析金砖国家税制结构变迁规律,得出了一些新颖清晰的结论。在税制结构变迁的研究口径、概念分类及量化标准上进行了新探索,明确提出税制结构变迁的比较研究应包含"税收组合结构"与"税收收入结构",根据前者变迁特点将税制结构变迁分为"剧变型"和"渐变型",根据后者变迁特点将税制结构变迁分为

"集中型""平稳型"和"发散型",并提出了税制结构模式以及税制结构变迁的数量化表达方式;基于大量历史数据分析归纳出金砖国家税制结构变迁路径、类型和特点,运用长面板数据对金砖国家税制结构变迁的成因进行了实证检验,结果显示税制改革、税负水平、经济发展水平、开放度、城镇化率、通货膨胀等主客观因素均对其产生影响,并具有与发达国家不同的特点,且构建向量自回归模型研究了金砖国家税制结构的经济增长效应;综合考虑税制结构变迁的效率与公平效应,探讨了我国"逐步提高直接税比重"的实施路径及效果,对中国提高直接税比重的效率与公平效应做了可计算一般均衡(CGE)模拟。

　　李占一博士的《博弈视角下的国际公共品供给困境与破解之道——以国际环境治理为例》,是在中国逐步走向世界舞台中央的时代背景下,对分析解决环境治理等国际公共品有效供给进行的有益理论探索。该书构建了博弈理论框架,运用国际公共品理论,深入研究了国际公共品供给问题,分析了影响国际公共品供给与国际合作的主要因素,阐述了博弈困境的产生原因与机理,找到了相应的破解之道,重点回答了如下问题:不同性质的国际公共品由谁提供、如何提供更为有效?产生国际公共品供给不足困境的原因及影响合作形成的具体因素有哪些?国际公共品供给中的不合作博弈向合作均衡转变的条件与措施是什么?对于已经形成的国际公共品供给合作,如何进行收益分配和成本分摊?维持合作继续进展的条件和措施是什么?

　　朱洁博士的《基于人口流动视角的地方财政平衡研究》是以人口流动作为逻辑起点,着眼于其对流出地、流入地财政收入、支出和平衡的不同影响进行的一项具有很强的现实性、专业性、系统性的研究，旨在为促进地方财政收支平衡提供一种新的政策工具。该项研究阐明，人口流入通过影响地区生产总值和存量资产价格来促进流入地财政收入增加，人口流入通过制度因素和人口流动因素增加流入地的财政支出；分别实证检验了人口流动对地方财政收入和支出的影响，证明了人口流入能够促进地区生产总值和存量资产价格增长，从而使流入地财政收入增加，且能够显著增加消费型支出；综合分析以上两种效应，得出如下结论：人口流入能够提高流入地的财政自给率，而人口流出降低流出地的财政自给率，从而加剧了地区间财力不均等和财政收支不平衡的局面。作者据此提出，实行人口流入地向流出地横向转移支付的政策，将有利于改善我国地区间财政收支不平衡的现状，进而更好地实现基本公共服务均等化的目标。

马磊博士的《我国高等教育扩展影响大学溢价的研究：机理与效应》是针对近年来我国大学生"就业难""读书无用论"回潮的现实进行的研究。作者根据相关理论基础剖析并阐述了大学溢价的形成与变动规律，对高等教育扩展影响大学溢价的机理与传导路径进行了理论刻画，以高等教育扩展的分流功能作为机理分析的切入点，并基于阿西莫格鲁与墨菲提出的技能劳动相对供需框架，通过多部门模型的经济均衡分析，将高等教育扩展引入技能劳动相对供需框架之中，推导了高等教育扩展影响大学溢价变动的数理模型；从宏观数据、微观数据两个层面分别进行回归分析，对我国高等教育规模扩展影响大学溢价进行了效应检验。大学溢价显著存在说明了选择上大学、接受高等教育在当今仍然是一项相对收益丰厚的人力资本投资行为，这一点对高等教育工作者来讲是一种欣慰。高等教育扩展与大学溢价变动之间的作用关系，如果结合考虑高校毕业生的专业结构开展比较研究将会更加完善，对高等教育未来发展更有参考意义。

　　总的来看，这批著作选题视野宏阔，研究领域广泛，但都表现出学者学生对国家公共经济与政策重大问题的现实关切；研究方法各异，材料异彩纷呈，但都体现着学者学生对现代化国家公共治理规律及制度的探索追寻。就将它们作为我们团队献给祖国改革开放 40 周年的礼物吧。

　　谨此为序。

樊丽明

2018 年末于泉城

序

　　自 1994 年"分税制"改革以来，中央政府通过上收财权和下放事权，提高中央财政收入占总财政收入的比重和财政收入占 GDP 的比重。通过提高"两个比重"，中央政府在与地方政府的博弈中拥有更大的话语权。对地方政府而言，一方面，财权的上收意味着本级地方财政收入减少；另一方面，事权的下放意味着本级财政支出增多。地方政府在预算平衡约束下，本级财政收入不能满足支出需求，出现财政收支不平衡。由于地方财政收入缺乏自主性和独立性，而财政支出具有很大的政策刚性，地方政府的本级财政收支缺口有扩大的趋势。2010 年，我国各地区财政收支平衡系数均值为 0.49，比 1995 年下降了 20.4%。这说明，"分税制"改革后，地方财政的自给率降低，越来越依靠中央政府的转移支付。但是，转移支付受规模和制度的局限，只能部分弥补地方政府既定的支出责任与收入之间的缺口，财政平衡效果一般。

　　与此同时，人口流动的规模越来越大，《中国流动人口发展报告 2015》称，截至 2014 年 10 月 1 日，全国流动人口约 2.43 亿人，省际流动人口约 9433 万人。流动人口的大规模增长给地方财政收支带来了不可忽视的影响。人口作为一种资源，大规模的流出使得流出地的地区生产总值下降，从而导致财政收入下降；相反的，会增加流入地的财政收入。另一方面，人口的流入会增加流入地的财政支出，减少流出地的财政支出。因此，人口流动会对地方财政收支平衡产生影响。而目前国内学者关于人口流动对地方财政收支平衡影响的研究较少，基本上集中在研究人口流动对区域发展差距的影响和地区之间为吸引人口流入而展开的支出竞争，尚未系统研究人口流动与地方财政收支平衡的关联。

本书系统地研究人口流动对地方财政收入、支出和财政平衡的影响，具体而言：首先，人口流入通过影响地区生产总值和存量资产价格来促进流入地财政收入增加，以及人口流入通过制度因素和人口流动因素增加流入地的财政支出；其次，分别实证检验人口流动对地方财政收入和支出的影响，得出人口流入能够促进地区生产总值和存量资产价格增长，从而使得流入地财政收入增加，且能够显著增加消费型支出；最后，综合分析以上两种效应，得出人口流入能够提高流入地的财政自给率，而人口流出降低流出地的财政自给率，从而加剧了地区间财力不均等和财政收支不平衡的局面。实行人口流入地向流出地横向转移支付的政策，将有利于改善我国地区间财政收支不平衡的现状，进而更好地实现基本公共服务均等化的目标。本书共分为7章，具体结构安排如下：

第1章为引言。主要介绍了本书的研究背景、研究意义、研究方法等，并对主要概念进行界定。第2章是文献综述。综合分析了国内外人口流动对地方财政收入和支出影响的相关文献，通过梳理和总结现有文献，确定本书的研究思路和方法。第3章为人口流动与地方财政收支的现状分析。近年来，人口流动的规模不断扩大，流动的方向主要由中西部地区流向东部地区，流动人口大部分为劳动适龄人口。"分税制"改革后，中央政府对财权进行上收，而对事权则进行下放。随之而来的是，地方政府的财政收入占总收入的比重下降，财政支出占总支出的比重却不断攀升，加剧了地方财政收支不平衡。第4章是理论分析人口流动对地方财政收入、支出的作用机理。本章通过分析了人口流动拉动地区生产总值增长和带动存量资产价格上涨两种途径增加流入地财政收入；把人口流动对地方财政支出的影响因素分为制度因素和人口流动因素，并把财政支出分为三种类型：生产型、消费型和维持型，分别分析人口流动对三类财政支出的影响。第5章分别实证检验了人口流动对地方财政收入、支出的影响。在分析人口流动对地区生产总值和房价的影响时，分别采用随机生产边界模型和系统GMM方法进行实证检验，结果表明人口流入能够促进流入地的地区生产总值增长，并且推动流入地房价上涨。综合上述两种途径，人口流入能够显著的增加流入地财政收入。人口流动对地方财政收入的系统GMM回归结果，也支持这一结论。同样采用系统GMM的估计方法，实证检验了人口流动对三类财政支出的影响，结果表明，随着人口净迁移率的提高，仅消费型支出显著增加。第6章为人口流动对地方财政收支平衡系数的影响。本章通过分析人口净迁移率与地方财政收支平衡系数的关系，认为提高净迁移率能够促进流入地的财政收支平衡，二者存在正相关。地方财政平衡的指标为地方自有收入的财政自给率。接着运用线性面板回归和门槛面板回归进行实证检验，回归结果显示，净迁移率的提高能够显著地促进净流入地的财政自给率，这意味着人口流入能够促进净流入地的财政收支平衡，而人口流出加剧了净流出地的财政收支不平衡。我国当前人口流动的现状，加剧了地区间的财政收支不平衡。门槛回归结果还表明当人口迁移率较低时，其对财政自给率的正效应较强，而随着人口迁移率的提高，这种正效应趋弱。第7章是总结本书研究内容。对本书的结论进行总结归纳，并提出相关政策建议和研究展望。

本书的创新包括以下三点：

第一，研究角度的创新。本书以人口流动作为逻辑起点，分析其对地方财政收入和支出的影响，为促进地方财政收支平衡提供一种新的政策工具。随着流动人口规模的不断扩大，特别是省际流动人口规模的急剧扩张，对地方财政收支产生何种影响，之前并无学者进行系统研究。本书运用现有的四次人口普查数据，实证检验其对地方财政收支平衡的影响，回归结果显示提高省际人口净迁移率能够增加流入地的财政自给率，进而促进流入地的财政收支平衡，流动人口对流入地的财政收入效应大于财政支出效应。实行人口流入地向流出地横向转移支付的政策，将有利于改善我国地区间财政收支不平衡的现状。这为改善地方财政收支不平衡提供了政策依据。

第二，研究内容的创新。本书在分析人口流动对地方财政收入的影响时，将人口流动对财政收入的影响分为对地区生产总值的拉动和对存量资产价格的推动两个方面。之前关于地方财政收入的研究，只重视地区生产总值的收入效应，而忽视存量资产对财政收入的贡献。随着我国存量资产价格的上涨，尤其以房价飙升最为明显，其对地方财政收入的影响不容小觑。由于资产性税收规模扩大，进而使地方财政收入增加。其中，地区生产总值的促进作用分为"要素驱动"和"效率驱动",人口流动对地区经济发展具有双重提升作用,我们尤其关注"效率驱动"。实证结果表明,人口净迁移率与技术效率水平具有显著的正效应,提高净迁移率能够显著提高技术效率水平。转变经济增长模式,发挥"效率驱动"的作用,符合"供给侧"结构性改革的要求。本书在分析人口流动对地方财政支出的关系时,把支出类型细分为生产型、消费型和维持型,分别实证检验人口流动对其影响,得出流入人口对消费型支出具有显著的正效应,对其他两种支出无显著影响。这为人口流入增加流入地的财政支出提供了实证依据。

第三,研究方法的创新。在分析人口流动对地区生产总值的影响时,采用随机生产边界模型。随机生产边界模型作为一种效率分析工具,提供一种新的分析角度。该模型不仅能够从"要素效应"的角度分析人口流动拉动地区生产总值增长,还能从"效率效应"的角度为其提供一种解释。在分析人口流动对地方财政收支平衡的影响时,分别用线性面板回归和门槛面板回归,两种回归方法均得出流动人口对促进流入地的财政收支平衡具有显著的正效应。通过对比二者的回归结果,位于净迁移率低区间的地区,提高净迁移率的财政平衡效应大于位于净迁移率高区间的地区。

目　录

第1章　引言 ……………………………………………………… 1

　1.1　问题的提出及研究意义 ………………………………… 1

　1.2　主要概念界定 …………………………………………… 5

　1.3　研究方法 ………………………………………………… 9

　1.4　本书的逻辑结构 ………………………………………… 10

　1.5　创新点 …………………………………………………… 13

第2章　文献综述 ………………………………………………… 15

　2.1　财政平衡的文献综述 …………………………………… 15

　2.2　人口流动与财政收支关联的文献综述 ………………… 21

　2.3　国际间人口流动财政效应的文献综述 ………………… 28

　2.4　小结：文献评述 ………………………………………… 30

第3章　中国人口流动与地方财政收支现状分析 ……………… 33

　3.1　中国人口流动状况考察 ………………………………… 33

　3.2　中国省级地方财政收支现状分析 ……………………… 46

　3.3　小结 ……………………………………………………… 57

第4章　人口流动对地方财政收支作用机理 …………………… 59

　4.1　人口流动的财政收入效应 ……………………………… 59

4.2 人口流动的财政支出效应 ································ 67

4.3 小结 ·· 77

第5章 人口流动对地方财政收支影响的实证分析 ········ 78

5.1 人口流动对地区生产总值影响的实证分析 ······ 78

5.2 人口流动对存量资产价格影响的实证分析：
以房价为例 ·· 83

5.3 人口流动对财政收入影响的实证分析 ············ 89

5.4 人口流动对地方财政支出影响的实证分析 ······ 96

5.5 小结 ··· 105

第6章 人口流动对地方财政收支平衡的影响 ············ 107

6.1 财政收支比与净迁移率的统计分析 ············· 108

6.2 线性面板回归分析 ···································· 114

6.3 非线性面板回归分析 ································· 121

6.4 小结 ··· 130

第7章 主要结论与政策建议 ································· 132

7.1 主要结论 ·· 132

7.2 政策建议 ·· 135

7.3 研究展望 ·· 139

参考文献 ··· 141

后记 ··· 159

第 1 章

引 言

1.1 问题的提出及研究意义

1.1.1 问题的提出

1994 年"分税制"改革后，中央政府通过上收财权和下放事权，提高中央财政收入占总财政收入的比重和财政收入占 GDP 的比重。通过提高"两个比重"，中央政府在与地方政府的博弈中拥有更大的话语权。对地方政府而言，随着财权的上收，本级地方财政收入减少；另外，随着事权的下放，本级财政支出增多。地方政府在预算平衡约束下，本级财政收入不能满足支出责任的需求，出现地方财政收支不平衡。例如，长期存在的"县乡财政困难"便是其直接体现。地方财政越来越依靠中央政府的转移支付，而由于转移支付规模和制度的局限，其只能部分弥补地方政府既定的支出责任与收入之间的缺口（李齐云，2001）①。支出责任的大量下放使

---

① 李齐云. 完善我国财政转移支付制度的思考 [J]. 财贸经济, 2001 (3)：40 - 46.

得我国的财政体制具有联邦制的特征。而与联邦制不同的是，我国地方政府财政收支的自主性、独立性不足。地方政府没有税收的立法权，不能自主决定税种、税率等，只能根据中央政府立法确定的税种、税率等进行征收。而地方政府的支出责任也由中央政府界定清晰，从某种程度上说，地方政府只是中央政府的代理机构。这使得地方政府支出具有很大的政策刚性，地方政府财政支出的决策主要受中央政府影响。而我国的政治体制是地方官员由上级政府任命，在偏重 GDP 的"标尺竞争"官员考核模式下，地方政府官员为获得政治利益，具有强烈的财政支出扩张的冲动，偏好供给能够短期内有利于经济增长的支出类型①，如道路、桥梁等基础设施。这加剧了地方财政收支不平衡。

在巨大的地方财政收支缺口的压力下，地方政府纷纷转向土地财政、地方融资平台等非规范的财政收入渠道。2007 年，土地出让成交价款超过 1 万亿，而到 2011 年已经突破 3 万亿，增长速度可见一斑。2009 年国务院允许地方政府在国务院批准的额度内发行地方债，近几年其规模不断扩大。2015 年，全国地方债的总发行量达到 3.8 万亿，占同年总财政收入 12.9 万亿②的近 30%。地方债发行规模的几何式增长从另一个角度证明了当前地方政府存在的困境——地方本级财政收支不平衡。在这样的背景下，实现"十三五"规划提出的基本公共服务常住人口③全覆盖的目标，困难重重。

长期以来，我国流动人口的规模不断扩大。截至 2014 年 10 月 1 日，全国流动人口约为 2.43 亿人，其中省际流动人口约为 9433 万人④。如此大规模的人口流动，必然带来一系列的社会问题。首先进入公众视野的是一年一度的"春运"，每年春节前夕，大量外

---

① 张军，高远，傅勇，等. 中国为什么拥有了良好的基础设施？[J]. 经济研究，2007 (3)：4 - 19.
② 国家统计局年度数据（http：//data. stats. gov. cn/easyquery. htm? cn = C01）。
③ 与以往不同的是，此处为常住人口，而不是户籍人口，说明政府将会逐步打破户籍的限制。
④ 国家人口和计划生育委员会流动人口服务管理司. 中国流动人口发展报 - 2015 [M]. 北京：中国人口出版社，2015：164.

出务工人员返回家乡过年，造成铁路、公路等交通运力紧张。这一问题反映出人口流动的短期性①。近年来，"留守儿童"和"空巢老人"问题日益成为社会的焦点。据 2013 年全国妇联发布的《我国农村留守儿童、城乡流动儿童状况研究报告》称，目前留守儿童的数量为 6102.55 万，占全部儿童数量的 27.3%。民政部 2016 年11 月 9 日发布的最新数据显示，我国的留守儿童数量为 902 万，约占全部儿童数量的 4%②。留守儿童因为父母常年外出打工，带来一系列负面影响。以留守儿童的学习成绩为例，陶然、周敏慧通过对安徽和江西的 1010 名儿童的学习成绩进行调研发现，父母外出打工时间较长时会对留守儿童的学习成绩有显著的负面影响③。这是因为流动人口中大多为劳动适龄人口，其大量流出造成老人和儿童无人照料。劳动力作为一种资本，大规模的转移势必会影响地方财政收支，对地方财政收支平衡产生影响。

此外，还有一个问题大家很少与人口流动联系在一起——房价上涨，特别是"北上广深"等大城市的房价上涨。李超等(2015)④ 研究认为流动人口对房价具有显著的正效应，白极星等(2016)⑤ 也认为人口流入推动流入地房价上涨，并呈倒"U"形关系。当今我国房价最高的地区：北京、上海和广东均为人口净流入的地区。人口的大量流入，对住房的需求增加，无论是租房还是购房，均推高了人口流入地房价的走势。房价的上涨不仅增加了地方政府的税收收入，还增加了土地出让收入。但是房价的持续上涨，增加居民的生活成本，引发一系列的社会问题。

简而言之，人口流动会增加流入地的产出，从而扩大其税基，

①　2006 年《中国农民工调研报告》显示，仅 8.13% 的被调查者愿意在城市长期打工；39.7% 的被调查者计划有一定积蓄后就返乡。
②　民政部网站（http://www.mca.gov.cn/article/zwgk/jd/201611/20161100002462.shtml）。
③　陶然，周敏慧. 父母外出务工与农村留守儿童学习成绩——基于安徽、江西两省调查实证分析的新发现与政策含义 [J]. 管理世界，2012（8）：68－77.
④　李超，倪鹏飞，万海远. 中国住房需求持续高涨之谜：基于人口结构视角 [J]. 经济研究，2015（5）：118－133.
⑤　白极星，周京奎，佟亮. 人口流动、城市开放度与住房价格——基于 2005～2014 年 35 个大中城市面板数据经验研究 [J]. 经济问题探索，2016（8）：19－27.

增加财政收入；另外，辖区内人口数量的增多，会增加地方性公共品的需求，财政支出增多。流动人口对流出地而言是一种损失，因为劳动力的流出会使得产出下降，进而缩小税基，虽然收入回流能够部分抵消人口流出的损失，但总体上，流出地的地方财政收入是下降的。人口流出对流出地的财政支出的影响要小于对收入的影响。因为地方政府在供给公共品时，并不能完全根据人口的流入、流出数量来确定公共品的供给量和供给结构。某些特殊的公共品只能按常住人口或户籍人口确定供给量。因此，人口在地区间的流动会对地区财政收支产生不同的影响，到底是加剧了地方财政收支不平衡还是促进了财政收支平衡？这也是本书的主要研究目的。

1.1.2　研究意义

关于人口流动与地方财政收支平衡的关联，国外学者主要从动态的角度进行研究，因为地方政府拥有很大的财政收支自主权，可以灵活地调整财政政策来吸引或限制人口流入。但是人口流动的规模远小于我国当前的人口流动规模，流向也比我国的分散。中央政府通过转移支付能够有效弥补人口在地区间流动所产生的财政不平衡。而国内学者关于人口流动对地方财政收支平衡的研究较少，基本上集中在研究人口流动对区域发展差距的影响和地区之间为吸引人口流入而展开的支出竞争，尚未系统研究人口流动与地方财政收支平衡的关联。人口大规模流动和地方财政收支不平衡日益成为严重的社会问题，而相关系统性研究不足。本书在人口大规模流动的背景下，为研究地方财政收支平衡提供了素材。

（1）本书有助于理顺人口流动与地方财政收支的关联，为地方政府政策选择提供依据。人口流入给流入地带来了财政收入，但也会增加其财政支出。地方政府权衡利弊，有的采取限制人口流入的措施，而有的采取吸引人口流入的政策。人口流入的财政净收益为正还是为负？本书首先从理论上分析了人口流动通过两种途径影响流入地的财政收入：一是人口流入带动地区生产总值的增长，二是人口流入推高存量资产价格，并分别进行了实证检验；然后分析人口流动对地方财政支出的影响，在已有研究的基础上，把财政支出分为生产型、消费型和维持型，分别实证检验人口流动对三者的影响。定性和定量分析了人口流动的财政收入和支出效应，结果表明，人口流入能够显著的增加流入地的财政收入水平和支出水平。进一步的实证检验结果表明，人口流入提高了流入地的财政自给率，进而促进其财政收支平衡，人口流入的财政收入效应大于支出效应。这为地方政府在制定政策时，提供了依据。

（2）本书为促进地区间财政收支平衡，实现基本公共服务均等化提供了一种新途径。"十二五"规划提出实现地区间居民的基本公共服务均等化，这是"结果的均等化"，而地方财政收支平衡则是"能力的均等化"。只有实现了"能力的均等化"，才能够实现"结果的均等化"。传统观点认为，转移支付的政策目标是实现基本公共服务均等化，但现在很多研究认为，转移支付的均等化效果有限。本书的核心观点为：人口流入提高了流入地的财政自给率，进而促进其财政收支平衡，但我国当前人口倾向于迁移到财政平衡度高的地区，从而加剧了地区间财政收支不平衡，引导人口流向中西部地区，将有利于改善我国地区间财政收支不平衡的现状，进而更好地实现基本公共服务均等化的目标。因此，本书具有重要的理论和实践意义。

1.2　主要概念界定

1.2.1　财政平衡

早期，布坎南（Buchanan，1950）① 定义的财政平衡（fiscal

---

① Buchanan J M. Federalism and Fiscal Equity [J]. American Economic Review, 1950, 40（4）：583-599.

balance) 强调个人平等, 具体定义为: 具有相似状况的个人获得的财政盈余① (net fiscal benefits) 应是相似的。达尔比和威尔逊 (Dahlby & Wilson, 1994)② 从理论上定义了财政平衡, 认为当达到财政平衡时, 公共资金的边际成本 (marginal cost of public funds, MCPF)③ 在地区间和政府间均相等, 当有一个出现偏差时, 存在财政不平衡。而现实中根据理论上的定义并不能实际测算财政平衡度, 为了便于测算, 之后学者从财政收支的角度定义这一概念, 认为财政平衡指的是财政收入与财政支出在总量上相等 (贾康等, 2001)④。理论上, 财政平衡指的是政府有足够的收入来源满足其支出需求, 而无须借助转移支付和发行债务等。若非如此, 则称为财政不平衡⑤。在一个特定的年度内, 财政收入和支出在量上一般是不相等的, 经常出现收入大于支出或者支出大于收入, 现在更为普遍的现象是财政支出大于收入。赵志耘、郭庆旺 (1992)⑥ 指出财政不平衡的必然性, 从时间的维度定义财政平衡: 在既定的一年中财政收支相等并不是财政平衡的充分条件, 长期的政府支出需要长期的政府收入来满足, 才是财政平衡的必要条件。财政收支的矛盾是客观存在的, 这意味着财政不平衡的普遍性 (邓子基, 2001)⑦。

财政不平衡包括纵向不平衡和横向不平衡。财政纵向不平衡 (vertical fiscal imbalance, VFI) 是由中央与地方事权与财权不对称引起的财政能力的不平衡, 通常用 VFI 来衡量其纵向不平衡的程

① 财政盈余指的是个人从消费公共品获得的回报与所负担的税负之间的差额。

② Wilson L S, Dahlby B. "Fiscal Capacity, Tax Effort, and Optimal Equalization Grants" [J]. Canadian Journal of Economics/revue Canadienne D`economique, 1994, 27 (3): 657 - 672.

③ 公共资金的边际成本定义为地区生产总值/(1 - 税率) × 地区生产总值。

④ 贾康, 余小平, 马晓玲. 财政平衡与财政赤字 [J]. 财经科学, 2001 (1): 45 - 50.

⑤ 1963 年 Wheare 在《联邦政府》一书中指出, 联邦和地方政府都必须拥有其独立的财政资源以满足其履行各项职能的需要

⑥ 赵志耘, 郭庆旺. 试论财政不平衡的客观性 [J]. 财政研究, 1992 (9): 36 - 39.

⑦ 邓子基. 财政平衡观与积极财政政策的可持续性 [J]. 当代财经, 2001 (11): 22 - 25.

度。博德威（Boadway，2006）① 则认为纵向财政不平衡是指实际纵向财政缺口与最优纵向财政缺口（optimal vertical fiscal gap）的偏差，此偏差可正可负。伯德（Bird，1993）② 认为无论转移支付的目的为何，从高一级政府向低一级政府的转移支付都有助于缩小财政缺口。当最富有地区（以获取财政收入的能力作为标准）的财政支出与财政收入相等时，认为达到纵向财政平衡，把其他地区的收支不等情况归结为横向不平衡。横向财政不平衡（horizontal fiscal imbalance）指的是不同的地方政府在同等税率下，供给相同数量的公共品，其财政能力不同（Slack，2006）③。李祥云、徐淑丽（2012）④ 定义横向财政平衡为省际人均财政收入的均等化，而非个人人均财政收入的均等化。此定义包含人口因素，而且是省际人口。这是因为如果采用人均值而非省际人均值，在人口流动的条件下，中央政府用于横向均衡的转移支付是无效的。

纵向财政不平衡侧重研究中央与地方政府之间的关系，而横向财政不平衡侧重研究地区之间的关系。"分税制"改革后，中央政府与地方政府财权和事权划分不对称，被认为是财政不平衡的重要原因（何冰，2008）⑤，此处的财政不平衡显然指的是纵向。而横向财政不平衡的原因主要是由各地方财政收入和资源禀赋差异造成的（张启春，2005）⑥。

1.2.2 人口流动

国际上，一般只有"人口迁移"的概念，而无"人口流动"

---

① Boadway R，Tremblay J F. A Theory of Vertical Fiscal Imbalance ［C］. University of Kentucky，Institute for Federalism and Intergovernmental Relations，2006：1 - 27.
② Bird R M. Threading the Fiscal Labyrinth：Some Issues in Fiscal Decentralization ［J］. General Information，1993，46（2）：207 - 27.
③ Slack E. Fiscal Imbalance：The Case for Cities ［J］. Institute on Municipal Finance & Governance，2006.
④ 李祥云，徐淑丽. 我国政府间转移支付制度的平衡效应——基于 2000～2010 年省际面板数据的实证分析 ［J］. 中南财经政法大学学报，2012（4）：37 - 42.
⑤ 何冰. 影响地方财政平衡的因素分析 ［J］. 中国财政，2008（24）：48 - 50.
⑥ 张启春. 政府间转移支付与地区财力差距变化 ［J］. 中南财经政法大学学报，2005（6）：111 - 115.

的概念,人口流动是我国特有的现象。国际人口学组织(IUSSP)在《多种语言人口学辞典》中定义人口迁移为:"人口在两个地区间的地理流动或空间流动,这种流动通常会涉及永久性居住地由迁出地到迁入地的变化"①。换言之,人口迁移是指居民将自己的居住地长久地由一个地区移动到另一个地区的活动。人口迁移的三大属性为:空间属性(居住地是否改变)、时间属性(是否永久性迁移)和目的属性(是否以居住为目的)。

在我国现有研究中,人口流动与人口迁移的概念经常混淆。段成荣、孙玉晶(2006)②指出人们的地区移动或者空间移动分为人口迁移和人口流动两种。通过对比分析人口迁移和人口流动的属性,二者的不同之处在于是否永久性迁移。蔡昉(2007)③认为通过行政和计划部门批准,实现了居住地合法化转移的人口,在传统的统计口径上被定义为迁移人口,其余的居住地发生变化的人口统称为流动人口。这种观点的人口迁移是指通过改变户籍而长久的改变居住地,反映在统计上成为流入地户籍人口的一部分。因此,迁移人口常伴有户籍的改变,而流动人口并未改变户籍。因此,本书定义人口流动是指居民以短期(半年以上一年以下)、中期(一到五年)或长期(五年以上)居住为目的,跨越某行政区划范围的空间活动。本书所指人口流动主要指的是一种较长时期而非短期的社会行为,居住地改变半年以下的人口并未考虑。借鉴蔡昉(2007)的观点,人口迁移是通过改变户籍而长久的改变居住地的行为。而人口流动泛指所有较长时期改变居住地的社会行为,人口流动的范畴包括人口迁移的范畴。

最后,厘清人口流动和流动人口的概念。顾名思义,人口流动是指人们受经济或者非经济因素影响,较长时期跨越某行政区划范围的空间活动,是一种社会经济现象;流动人口是人口流动产生的

---

① 联合国国际人口学会编著. 多种语言人口学辞典 [M]. 北京:商务印书馆,1992.

② 段成荣,孙玉晶. 我国流动人口统计口径的历史变动 [J]. 人口研究,2006,30(4):70-76.

③ 蔡昉. 中国流动人口问题 [M]. 北京:社会科学文献出版社,2007年,第3页.

结果，是人口学概念，用来与原来本地居民相区别。

2000 年，第五次人口普查将流动人口统计口径界定为"居住本乡镇街道半年以上，户口在外乡镇街道，以及在本乡镇街道居住不满半年，离开户口登记地半年以上两类人"[①]，并删除了其中的市内人户分离人口。按照这一标准，人口迁移伴随着户籍的改变，不能在人口普查的流动人口数据中体现。流动人口包括省内流动人口和省际流动人口两部分。本书研究的是跨省流动的人口，应在总的流动人口中剔除省内流动人口的数量。如无特殊说明，文中的人口流动（流动人口）指的是省际人口流动（省际流动人口），在特殊的情况下，同时出现人口流动（流动人口）和省际人口流动（省际流动人口），会做出说明。

1.3 研究方法

总体而言，本书以人口流动和地方财政收支平衡为基础，采用规范分析与实证分析相结合的方法，定性与定量研究兼顾。具体的研究方法包括：

规范分析与实证分析相结合。本书首先运用规范分析的方法分别分析了人口流动对地方财政收入、支出的作用机理。人口流动通过影响地区生产总值和存量资产价格对地方财政收入产生影响；通过把地方财政支出类型分为生产型、消费型和维持型，分别分析人口流动与三者之间的关联。在每章的规范分析之后，均运用实证分析方法进行验证。本书主要采用了随机生产边界法、系统 GMM、线性面板回归和门槛面板回归等计量方法。通过规范分析与实证分析相结合，透彻地研究人口流动对地方财政收支平衡的影响。

文献分析法。财政分权下，地方财政平衡问题是财政体制的核心问题。众多国内外学者对此问题进行了深入的研究，特别是国外

---

① 第五次人口普查填写说明（http://www.stats.gov.cn/tjsj/pcsj/rkpc/5rp/index.htm）。

已经形成了较为成熟的理论体系，本书首先通过对文献的阅读和分类，厘清国外研究的相关脉络和思想，学习其建模方法，同时结合国内已有研究与中国现实问题，确定本书研究思路。具体的，首先对财政不平衡的度量方法进行介绍，并总结已有关于转移支付的财政平衡效应。接着回顾人口流动对地区差距的影响和与财政支出的关联，厘清人口流动与财政收入和支出的关系。最后，借鉴国际间移民对流入国和流出国的财政效应，为本书的结论提供一个对比参考。

历史分析法。本书从时间的维度，运用历史分析法回顾了我国流动人口概况，在此基础上分析了省际流动人口的规模、流向、年龄结构等特征。同样的，在分析我国地方财政收支现状时，首先分析了我国财政体制的变迁，以此为背景，分析省级地方政府收入和支出的现状。通过对流动人口和地方财政收支的历史回顾与现状分析，增强了本研究的现实背景，抽象出本书的研究问题。

比较分析法。本书在分析人口流动的地方财政支出效应时，通过比较分析其对三类财政支出的影响，更有助于理解净迁移率与消费型支出呈正相关的关系。在本书的第6章中，通过比较分析线性面板回归结果和非线性的门槛面板回归结果时，均得出提高净迁移率能够增加流入地的财政自给率，从而促进流入地的财政平衡。但当人口迁移率较低时，这种正效应较强，而随着人口净迁移率的提高，这种正效应趋弱。比较两种回归结果的不同，可以更好地为促进地方财政收支平衡提供政策建议。

1.4　本书的逻辑结构

本书共分为7章，主要逻辑框架如图1-1所示。第1章为引言；第2章为文献综述；第3章为省际人口流动和地方财政收支的现状分析；第4~6章为本书的主体部分，分别分析了人口流动对财政收入、支出和财政收支平衡的影响；第7章为研究结论和政策建议。具体内容如下：

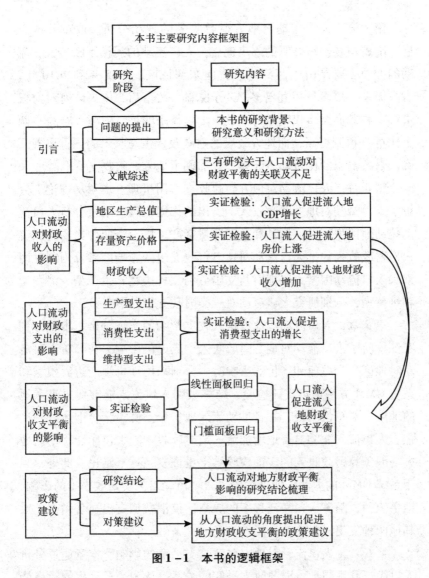

图1-1 本书的逻辑框架

第1章，引言。主要介绍了本书的研究背景、研究意义、研究方法等，并对主要概念进行界定。

第2章，文献综述。综合分析了国内外关于人口流动对地方财政收入和支出影响的相关文献，通过梳理和总结现有文献，确定本书的研究内容和研究方法。

第3章，人口流动与地方财政收支的现状分析。改革开放以后，随着市场经济体制的逐步建立，人口流动的规模不断扩大，流动的方向主要是由中西部地区流向东部地区。1995年到2010年，省际流动人口增长了九倍多。"分税制"改革后，中央政府对财权进行上收，而对事权则进行下放。随之而来的是，中央政府的"两个比重"得到提高，而地方政府的财政收入占总收入的比重出现下降，财政支出的比重却不断攀升，加剧了地方财政收支不平衡。

第4章，人口流动对地方财政收支作用机理。本章从理论上分析了人口流动对地方财政收入、支出的作用机理。通过分析人口流动拉动地区生产总值增长和带动存量资产价格上涨两种途径增加流入地财政收入；把人口流动对地方财政支出的影响因素分为制度因素和人口流动因素，并把财政支出分为三种类型：生产型、消费型和维持型，分别研究人口流动对三类财政支出的影响。

第5章，人口流动对地方财政收支影响的实证分析。本章分别实证检验了人口流动对地方财政收入、支出的影响。在分析人口流动对地区生产总值和房价的影响时，分别采用随机生产边界模型和系统GMM方法进行实证检验，结果表明人口流入能够促进流入地的地区生产总值增长，并且推动流入地房价上涨。综合上述两种途径，人口流入能够显著地增加流入地财政收入。人口净迁移率与地方一般预算财政收入的实证检验结果也证实了这一结论。此外，采用系统GMM的方法，实证检验了人口流动对三类财政支出的影响，结果表明，随着人口净迁移率的提高，仅消费型支出显著增加，对其他两种支出无影响。

第6章，人口流动对地方财政收支平衡的影响。本章通过分析人口净迁移率与地方财政收支平衡的关系，认为净迁移率的提高能够促进流入地的财政收支平衡，二者存在正相关的关系。地方财政平衡的指标为地方自有收入的财政自给率。接着运用线性面板回归和门槛面板回归进行实证检验，回归结果显示，净迁移率的提高能够显著地提高流入地的财政自给率，进而促进其财政收支平衡；人口流出加剧流出地的财政不平衡。但我国当前人口流动的现状，加剧了地区间的财政收支不平衡。门槛回归结果还表明当人口迁移率较低时，这种正效应较强，而随着人口迁移率的提高，这种正效应趋弱。

第 7 章，总结研究结论。本章归纳总结全文的研究，归纳前文的理论分析与实证检验，对本书的重要结论进行总结，并提出相应的政策建议和研究展望。

1.5 创新点

第一，研究角度的创新。本书以人口流动作为逻辑起点，分析其对地方财政收入和支出的影响，为促进地方财政收支平衡提供一种新的政策工具。随着流动人口规模的不断扩大，特别是省际流动人口规模的急剧扩张，对地方财政收支产生何种影响，之前并无学者进行系统研究。本书运用现有的四次人口普查数据，实证检验其对地方财政收支平衡的影响，回归结果显示提高省际人口净迁移率能够增加流入地的财政自给率，进而促进流入地的财政收支平衡，流动人口对流入地的财政收入效应大于财政支出效应。实行人口流入地向流出地横向转移支付的政策，将有利于改善我国地区间财政收支不平衡的现状。这为改善地方财政收支不平衡提供了政策依据。

第二，研究内容的创新。本书在分析人口流动对地方财政收入的影响时，将人口流动对财政收入的影响分为对地区生产总值的拉动和对存量资产价格的推动两个方面。之前关于地方财政收入的研究，只是重视地区生产总值的收入效应，而忽视存量资产对财政收入的贡献。随着我国存量资产价格的上涨，尤其以房价飙升最为明显，其对地方财政收入的影响不容小觑。由于资产性税收规模扩大，进而使地方财政收入增加。其中，地区生产总值的促进作用分为"要素驱动"和"效率驱动"，人口流动对地区经济发展有双重提升作用，我们尤其关注"效率驱动"。实证结果表明，人口净迁移率与技术效率水平具有显著的正效应，提高净迁移率能够显著提高技术效率水平。转变经济增长模式，发挥"效率驱动"的作用，符合"供给侧"结构性改革的要求。本书在分析人口流动与地方财政支出的关系时，把支出类型细分为生产型、消费型和维持型，分别实证检验人口流动对其影响，得出流入人口对消费型支出具有显著的正效应。这为人口流入增加流入地的财政支出提供了实证依据。

第三，研究方法的创新。在分析人口流动对地区生产总值的影响时，采用随机生产边界模型。随机生产边界模型作为一种效率分析工具，为分析人口流动与地区生产总值的关联提供一种新角度。该模型能够从"要素效应"和"效率效应"两方面分析人口流动拉动地区生产总值的增长，特别的是能够测算人口流动对技术效率水平的影响。在分析人口流动对地方财政收支平衡的影响时，分别用线性面板回归和门槛面板回归，两种回归方法均得出人口流入对促进流入地的财政收支平衡具有显著的正效应。通过对比二者的回归结果，位于净迁移率低区间的地区，提高净迁移率的财政平衡效应大于位于净迁移率高区间的地区。

第 2 章

文 献 综 述

2.1　财政平衡的文献综述

财政收支问题是财政的核心问题，地方财政收支平衡意味着地方政府财政状况良好，财政收入能够满足公共支出。而地方财政不平衡会诱发潜在的财政风险。国内外学者关于财政平衡的研究主要集中在财政不平衡的度量和转移支付的财政平衡效果分析。

2.1.1　地方财政不平衡度量的文献综述

关于财政不平衡的度量方法主要包括：

（1）关于财政不平衡的度量方法首先由亨特（Hunter，1973）提出。他提出了地方财政不平衡系数（CVI），具体方法为，在地方预算平衡的假设下，用1减去地方财政收入中来自中央政府转移支付的比重。具体公式为：

$$CVI = 1 - T/E$$

其中，T 为中央政府对本地方政府的转移支付，E 为地方财政支出。地方政府在预算平衡的假设下，这一方法实质上就是以地方财政自有收入占财政收入的比例来衡量地方财政不平衡程度。此计算方法引起了以后研究者的质疑，赫蒂奇和温特（Hettich & Winter, 1986）认为这种方法主观的以地方财政收入的"自主性"来衡量财政平衡度有很大的缺陷，计算方法没有逻辑的一致性，不能以社会福利最大化作为标准。但因为此种度量方法中地方政府收入来源划分与政府预算科目相同，相对而言，数据易于取得，到目前为止，这也是使用范围最广的一种度量方法。

（2）公共选择理论方法。基于对亨特提出的地方财政不平衡系数的质疑，赫蒂奇和温特（1986）以居民福利最大化为标准，运用公共选择理论来分析地方财政不平衡。这种方法无疑更具有理论性，使得我们可以从规范的角度理解财政不平衡，但是该种方法的弊端是很难直接找到一种计算方法。运用该方法我们不能直接测算财政平衡的数值，不能给我们一种直观的认识。

（3）最优税收理论方法。达尔比和威尔逊（1994）根据财政平衡的定义，认为当达到财政平衡时，公共资金的边际成本（简称为 MCPF）在地区间和政府间均相等，当有一个出现偏差时，存在财政不平衡。这种度量方法赋予财政平衡的度量以经济学意义，前两种方法只是从会计的角度对其定义。该方法的缺陷与上一种相同，难于直接测量财政平衡。为此，Dahlby（2005）提出了另一个间接测量的方法，通过分析政府的支出规模与公共资金边际成本之间的关系间接的度量财政平衡，他得出：一个政府的支出水平与公共资金的边际成本成反比。省级政府公共资金的边际成本高时，选民就不愿意接受高税收，政府的支出规模就会缩小；中央政府公共资金的边际成本低时，选民会接受中央政府的高税收，支出规模会扩张。这导致两级政府供给的公共服务水平出现不平衡。

（4）博弈论的方法。博德威和特雷布莱（Boadway & Tremblay, 2005）首次运用博弈论中的斯塔克伯格（Stackelberg）模型描述了不同行为主体的决策如何产生纵向财政不平衡，在此基础之上，Boadway & Tremblay（2010）构建了一个包含三个行为主体的经济模型，包括居民、中央和地方两级政府。按照传统的假设，两级政府都以最大化居民效用为目标，面临预算平衡约束，均不能举债。中央政府为博弈的领先者，地方政府为跟随者。中央政府通过税收收入来提供全国性的公共品和对地方政府的转移支付。地方政府供给地方性公共品并对居民征税。居民做出居住地的决策和工作时间的决策。三个行动主体的决策顺序①为：

1. 中央政府做出 G、S、$\bar{S}$ 和 T 的决策。
2. 地方政府决定 g、$\bar{g}$ 的供给量。
3. 在预算约束下，确定税率 t、$\bar{t}$。
4. 居民选择地区进行居住。
5. 居民选择工作时间，影响本地的产出。

模型假设每一阶段的博弈均满足子博弈精炼均衡（subgame perfect equilibrium）。只有在这个假设下，采用逆向归纳法，从博弈的最后一个阶段，利用居民效用最大化所满足的条件，才能倒推政府行为。在不存在人口流动的条件下，不存在横向财政外部性，但是会存在财政不平衡；在人口流动的条件下，因为中央政府对富裕地区的转移支付不能为负，为了缓解纵向财政外部性，只能尽可能地降低税率，使得贫穷地区的转移支付规模低于集权时的规模。在这种情况下，富裕地区的地方性公共品是供给过剩的，贫穷地区的则供给不足，全国性公共品也是供给不足的。而通过人口在地区间的流动，引入了横向财政外部性来缓解纵向财政外部性。这使得中央政府可以提高税率，相应的提高转移支付规模，贫穷地区财政缺口也会减小，缓解财政不平衡。

因为各国的财政收入、支出指标不同，因此通过财政不平衡系数关注其他国家的财政是否平衡没有多大的参考价值。我们仅对我国的财政平衡情况进行分析、归纳。国内关于地方财政不平衡的度量主要集中在研究纵向财政不平衡方面。江庆（2006）考察了

---

① 行动主体的不同决策顺序对结果的影响很大，作者对顺序进行了设定。比如在中央政府的行动策略不变的情况下，地方政府按照预算约束，先行决定公共品的供给数量和结构；居民在获悉地方政府提供的公共品数量和结构后，根据各自的偏好，做出居住的决策。之后，政府对辖区内居民征收较高的税率。因为居民已经做出居住的决策，而税率的提高会降低居民的效用。这就扭曲了居民的决策，不能达到均衡。

1978～2003 年我国中央和地方财政收支数据，研究表明，1978～1984 年处于正的纵向财政不平衡状态[①]；1985～1993 年纵向财政基本平衡；1994～2003 年处于负的纵向财政不平衡状态。1994 年的"分税制"改革是纵向财政不平衡的分水岭。而江庆（2009）继续考察省、市、县、乡政府的纵向财政不平衡，结果表明，"分税制"改革以来，地方政府纵向财政不平衡是普遍存在的。省级地方政府的财政不平衡程度有缩小的趋势，而基层政府有扩大的趋势。行政级别越低政府的财政缺口越大。刘成奎、柯翾（2015）得出省级地方政府的纵向财政不平衡程度差别很大。东部地区的不平衡程度位于全国均值以下，中西部地区位于全国均值以上。此外，以上研究一般采用亨特（1973）提出的地方财政不平衡系数来度量地方财政不平衡度。

对于地方财政不平衡的原因分析，一般分为经济因素和制度因素。孙文学、付海威（2004）认为，地方财政不平衡的原因在于"分税制"改革的不完善使得地方政府事权、财权不匹配以及地方官员晋升机制导致地方政府行为短期化倾向。在此基础上，何冰（2008）还指出政府在职能转换中存在缺陷和《预算法》对地方政府的约束效果有限，同样造成地方财政不平衡。吴俊培（2009）指出：地方政府过度依靠投资来促进地区生产总值增长，热衷追求经济增长是影响地方财政平衡的重要因素。之前的学者侧重于不平衡因素的规范研究。陈志勇、张明喜（2007）借鉴余庆和崔开元（Yu Qing & Tsui Kaiyuen，2005）的方法分解财政不平衡的因素，认为人均地区生产总值和城乡分割是最主要因素，两者的贡献度达到 65%。这是国内学者首次对财政不平衡因素进行实证研究。

2.1.2 转移支付对财政平衡影响的文献综述

奥尔森（Olsen，1969）认为转移支付制度是为了弥补地方性公共品的外部性。此观点建立在中央和地方政府的事权、财权完

---

① 此处的正表示地方财政收入大于地方财政支出，中央财政收入小于中央财政支出。负的意思正好相反。

划分且匹配的基础上，除此之外，转移支付制度还有其他目的，如弥补财政不平衡（曾军平，2000）。政府间财政平衡制度是转移支付制度的核心内容（马拴友，1999）。

国外关于转移支付弥补财政不平衡的效果，一般仅从理论上进行研究，并包含人口流动的因素。研究的结论虽然不同，但是研究框架基本一致：假设一个两级政府的经济模型，包括中央政府、地方政府和居民。模型包含的两个地区被设定为富裕地区和贫穷地区。按照假设，两级政府都以居民效用最大化为目标。中央政府通过对居民征税来提供全国性的公共品和对地方政府的转移支付，特别的，假设仅对贫穷地区进行转移支付，对富裕地区的转移支付为零。地方政府供给地方性公共品和对居民征税。模型不考虑政府负债的情况，假设两级政府均不能举债。居民做出居住地决策和工作时间决策，其效用与享受的公共品（包括中央政府供给的全国性公共品和地方政府供给的地方性公共品）和休闲有关。富莱特斯等（Flatters et al.，1974）和博德威和富莱特斯（Boadway & Flatters，1982）认为地区间存在生产率差异，人口从低生产率地区流向高生产率地区，如果地方公共品对地方居民而言是纯公共产品，那么新移民将无偿地享受到由原本地居民支付成本的公共品，这就产生了"搭便车"问题，刺激了人口过度迁移，造成地区间人口配置的低效率。当然，如果地区间税收成本相同，人口的空间配置也是有效的，但一般情况下不同地区居民所面临的税收成本是有差异的，所以人口空间配置的低效率是常态。对低生产率地区的均等化转移支付可降低其人口迁出的激励，从而保证全局视角下人口空间配置的高效率。梅尔斯（Myers，1990）考虑到地区间的自愿转移支付同样能够消除人口配置的低效率。博德威等（Boadway et al.，2002）研究加拿大的转移支付制度，认为转移支付能够通过加强人口流动性来均等化地区间的财力，促进横向平衡。

有的学者得出转移支付制度并未达到缩小地区差距的目的。奥茨（Oates，1972）强调人口流动能破坏地方政府进行收入再分配的企图。由于经济发展过程中集聚效应和收益递增（Krugman，

1993），人口迁移会形成集聚效应，例如人口迁入地劳动力市场规模的扩大可能通过增加劳动分工的匹配度、学习和技能性创新等多种渠道导致集聚效应，从而使迁移既有利于迁入者，也有利于原有居民。迁移提高了总体生产率，形成的集聚租金为中央政府进行地区间再分配提供了可能，但这种再分配往往因为无法准确地瞄准特定的群体而扭曲了潜在流动人口的迁移激励，造成迁移不足（Bucovetsky，2003）。同时，地区间转移支付导致的迁移激励扭曲可能加剧而非缩小地区间经济和财政差距。汉森和凯斯勒（Hansen & Kessler，2001）研究表明当存在地区间再分配性质的转移支付时，高收入阶层会选择居住在一个地区，而低收入阶层居住在另一个地区。因此，转移支付制度加剧了地区间的财政不平衡。凯斯勒等（2004）在人口可以自由流动的假设下，得出了一个矛盾的结论：转移支付会引起地区间政策和人均收入差距变大而非收敛，因此阻碍了地区间的公平性；同时，转移支付能够使得生活在不同地区的人与人之间的差距变小。凯斯勒和莱斯曼（Kessler & Lessman，2010）利用理论推演和经验证据说明了旨在缩小地区差距的地区间转移支付反而加剧了不平衡或者阻碍了差距的收敛，其主要原因就在于地区间转移支付阻止了有利于地区差距收敛的人口迁移（convergence promoting migration）。

与国外侧重理论研究不同，国内关于转移支付弥补财政不平衡的效果侧重于实证研究。曾军平（2000）通过研究 1990 ~ 1997 年转移支付制度的纵向、横向平衡效果，得出过渡时期纵向平衡取得了良好的效果，直到 1997 年才对横向均衡产生正的影响。当政府转移支付首要目标放在财政纵向平衡上时，调节横向平衡的效应就大打折扣。陈秀山、张启春（2003）同样认为转轨期间，转移支付调节纵向平衡效果显著，横向平衡方面缺乏成效。李祥云、徐淑丽（2012）运用 2000 ~ 2010 年的省级面板数据也得出上述结论。

转移支付制度对横向财政不平衡的影响被称为转移支付的均等化效应。田发（2010）和胡德仁、刘亮（2008）认为转移支付能够起到缩小地区间财力差距的效果，但是不同的地区效果差别很大。细分转移支付种类的均等化效果，得出一般性转移支付的均等化效果最大，税收返还的效果最小（李齐云、刘小勇，2009；李祥云、徐淑丽，2012）。马骁等（2013）认为转移支付确实起到缩小区域财政收入差距的作用，并且这种作用在不断增强。而有些学者的研究得出了不同的结论。张启春（2008）通过研究转移支付制度和中央政府直接投资对地方财政平衡的影响，结果表明，转移支付"大而无效益"，主要是因为真正用于横向均等化的转移支付资金不足。尹恒和朱虹（2009）认为因素法测算的转移支付、专项转移支付等项目都在一定程度上向财力缺口较大的地区倾斜。但从公共财政和财政公平的角度，转移支付的均等化效果直到 2003 年以后才有所改善。钟琦（2011）提出为了改善横向不平衡应建立横向转移支付制度。"对口支援"作为一种非制度化的弥补横向不平衡的工具，具有显著的横向转移支付的特征，是对转移支付制度的一种补充，王玮（2010）通过研究其横向财政平衡效应，得出其平衡效应并不显著。

关于省以下地方政府转移支付与财政平衡的关联，刘凤伟（2008）通过研究甘肃省县级地方政府的转移支付，得出转移支付缩小了县级财力的相对差距，但是却扩大了县级财力的绝对差距。汤玉刚和宋琪（2016）通过研究山东省区县级转移支付数据发现，转移支付缩小地区间收入差距的效果有限。江杰、李志慧（2006）通过对湖南的转移支付研究得出其均等化程度不断上升。以上三个省份，分别位于我国的西部、东部和中部地区，这说明，不同地区的转移支付均等化效果不同。

2.2 人口流动与财政收支关联的文献综述

2.2.1 人口流动与地区经济发展差距的文献综述

地区经济发展水平与地方财政收支密切相关。一般而言，经济发展水平越高的地区，其税源越充足，财政收入越高。人口作为一种生产要素，人口在地区间的流动会使得地区间经济发展水平与人口非流动时相比，出现差异。因此，研究人口流动对地区经济发展差距的内在联系有助于我们认识人口流动与地方财政收支平衡的关联。

国内外学者一般运用新古典增长理论来解释经济收敛，从国际经验看，关于劳动力在地区间迁移对地区差距影响的研究，学者们并没有得出一致的结论。巴罗和萨拉马丁（Barro & Sala－I－Martin，1992）分别运用美国和日本的数据，得出人口流动并不能促进这两个国家的地区经济发展水平收敛。泰勒和威廉姆森（Taylor & Williamson，1997）则认为通过劳动力迁移缩小了地区间要素报酬的差异，从而缩小地区间经济差距。这一研究结论得到之后研究者的支持，特别是与一般的经济学直觉相契合。大量国内学者的研究也支持这一结论，认为我国地区间人口流动有助于缩小地区差距。我们一般采用人均地区生产总值来衡量地区经济发展水平，樊纲（1995）认为当我们采用此指标来衡量地区差距时，人口流动通过"分母"影响地区经济发展水平。人口流动一方面增加流入地人口，在地区生产总值不变的条件下，流入地的人均地区生产总值减小；反之，流出地的人均地区生产总值增加，因而区域间人口流动可以缩小地区差距。此研究仅仅考虑人口流动的"分母效应"，并未考虑人口流入对流入地生产总值的影响和人口流出对流出地生产总值的影响。姚枝仲和周素芳（2003）与泰勒和威廉姆森（1997）的研究类似，从地区间要素收入的角度研究人口流动与地区差距的关联，得出地区间人口流动能够有效缩小区域间要素收入差异，达到缩小地区经济差距的效果。林毅夫等（2004）从流动人口对地区间收入差距的反映弹性的角度得出上述结论。王小鲁、樊纲（2004）认为我国当前人口流向为中西部地区流向东部地区，一方面中西部地区人口流出会提高本地区的劳动生产率；另一方面中西部地区的流出人口还为本地区带来了收入回流效应，这两方面使得我国当前人口流动有助于缩小地区差距。此研究较早地把流动人口收入回流效应纳入考察对象。袁晓玲等（2009）以我国西部地区人口迁移与经济增长之间的关系为研究对象，分析省内人口迁移对各地级市的经济地区差距的影响。研究结果显示：流动人口与区域经济发展具有极高的关联度，1991~2004年间劳动力流动有助于缩小地区间经济差距。侯燕飞和陈仲常（2016）在巴罗和萨拉马丁（1995）的国际人口迁移模型基础上，采用系统 GMM 方法检验我国 29 个省的经济收敛度，结果表明，人口流动促进了区域经济增长，我国区域经济具有新古典经济增长收敛机制和内生经济增长收敛机制。

巴罗和萨拉马丁（1995）对美、德等 7 个国家的实证研究表明，劳动力迁移对地区经济收敛的影响并不明确，有些国家劳动力迁移促进了地区经济收敛，而有些国家反而扩大了地区经济差距。拉帕波特（Rappaport，2005）通过构建包含两个国家的人口流动模型，得出劳动力迁移对经济收敛的促进作用并不像之前研究的那么显著。而众多国内学者认为人口流动加剧了地区差距扩大。蔡昉（2005）指出劳动力流动扩大了地区差距，并认为迁移规模不足是劳动力迁移不能缩小城乡差距的主要原因。严浩坤（2008）把流动人口按人力资本禀赋分为高素质流动人口和低素质流动人口，研究结果表明两类人口均扩大了地区差距。严浩坤、徐朝辉（2008）同样得出了农村劳动力转移对地区差距有扩大的效应。余吉祥、沈坤荣（2013）认为人口流动的空间规模集聚效应会使流入地人均收入增长，并拉大与流出地的差距，因此，省际人口流动会扩大地区差距。胡荣才等（2011）、樊士德等（2011）和江小国等（2016）也得出相同结论。

国内还有学者认为人口流动与地区差距的关系并不是单一的收敛或发散，而是动态的。如段平忠、刘传江（2005）认为虽然人口流动能够有效地缩小地区差距，但这种效应呈递减趋势。沈坤荣、唐文建（2006）认为地区间经济收敛的性质由劳动力转移规模决定，较小规模的劳动力转移会引致直接收敛，如 1978~1991 年之间劳动力转移的规模很小，同时地区增长差距是缩小的；而较大规模劳动力转移会使经济收敛性质呈现先发散后收敛的动态变化。许召元、李善同（2008）的一般均衡（CGE）模型包括汇款、外地与本地劳动力工资差异等多种因素，实证结果显示，人口流动能够有效地提高资源配置效率，提高各个地区的经济增长速度，但由于国内资本的流动性远远强于劳动力的流动性，存在资本追逐劳动的现象，因此并不能缩小人均地区生产总值的地区差距。刘会政、王立娜（2016）分析人口流动对京津冀地区的影响，结论为：人口流动促进了地区经济增长和人均消费水平提高，但对人均地区生产总值的影响不显著。

2.2.2　人口流动与财政支出关联的文献综述

关于人口流动与地方政府支出的关系，国外学者大多从地方公共品供给效率的角度进行研究。最早的研究要追溯到蒂布特（Tiebout，1956）提出地方政府具有信息优势，能根据不同的居民供给不同的公共品来满足他们的偏好。居民根据地区间的支出 – 收益组合来决定居住地。如果居民能够在地区间自由流动，可以在社区间"用脚投票"，实现公共品的有效供给。若某一地区实行对低收入者较为有利的再分配政策，会吸引低收入者涌入该地区，高收入者不断迁出，导致整个再分配水平的下降。有鉴于此，马斯格雷夫（Musgrave，1959）和奥茨（1972）提出应该由中央政府执行再分配政策。蒂伯特模型为研究地方公共品供给和人口流动提供了一个基本的框架，后来学者的研究大多采用这一研究框架。

汉密尔顿（Hamilton，1975）提出财政分区的概念来限制人口无序流动，以达到公共品的有效供给。"用脚投票"机制，居民可以很好地表达公共需求偏好，但如果公共品缺乏价格机制，会使得地区间公共品供给失衡。斯塔雷特（Starrett，1980）根据地方政府预算的性质决定人口流动的方向。如果地方政府的预算是累进的，则人口向低收入地区流动；如果预算具有再分配的职能，则人口流向高收入地区。之后的学者，把地方财政支出、税率、人口流动和转移支付纳入到一个框架中进行分析，中央政府对地方政府进行转移支付；地方政府通过财政支出和税收竞争吸引人口的流入；居民面临居住地选择的决策。该模型不能达到蒂伯特模型中的帕累托最优（Pareto Optimality），只能达到次优（Second Best）。Boadway & Tremblay（2010）得出当人口非流动的前提下，富裕地区的财政支出大于次优时的规模，贫穷地区的财政支出小于次优时的规模。在人口流动前提下，贫穷地区政府不会通过增加地方性公共品的供给来吸引富裕地区的人口流入，而是会采取降低税率的措施。

大量学者从实证角度对地方政府支出与人口流动的关系进行研究。戴（Day，1992）在考察了加拿大跨省人口流动时发现各省的公共支出差异在居民迁移行为中的作用显著。塞布拉和亚历山大（Cebula & Alexander，2006）发现净迁移率与基础教育生均支出正相关。此外，国外学者还从微观领域对该问题进行了深入研究。鲍尔罗（Borrow，2002）在研究华盛顿特区的案例时，发现该地区的公共品供给水平（如公立学校教学质量）对当地家庭的居住地选择起相当重要的作用。塞布拉等（2013）发现州立公园的数量对人口迁移具有显著的正效应，而基础教育支出对人口迁移的影响并不显著。

国内关于人口流动与地方财政支出的研究主要从地方政府间的竞争来吸引人口流入的角度进行。地方政府之间的竞争主要是财政支出的竞争（李齐云、伍文中，2011）。最具代表性的研究为付文林（2007），他研究了公共服务供给水平与户籍人口的关系，并研究了公共品的供给结构对不同居民的影响。首先，地方公共服务水平的提高会显著增加户籍人口的数量。其次，在研究公共品的供给结构时，发现随着人口的增加社会服务性支出并未增加。最后，按照受教育程度对流动人口进行分类，研究表明，知识、技术水平较低的劳动者在流动中存在明显的公共福利歧视（王海宁、陈媛媛，2010）。张丽等（2011）利用勒韦（Lewer，2008）提出的引力方程实证分析了地方公共品对人口流动的作用，研究表明，当地区财政支出增加时，人口流入的数量增多。中部省份的财政支出对人口流入的作用大于东部地区和西部地区。

而对于公共品的供给结构对人口流动的影响，国内学者的研究结论基本趋于一致。张丽等（2011）指出，地方政府的文教卫支出和社会保障支出对人口流入的影响要大于基本建设支出对人口流入的影响。付文林（2012）提出了一个包含流动人口因素的地区公共品需求模型，研究表明，公共品供求失衡状况在地区间的存在差异，东部地区的行政管理服务拥挤系数较高，而中西部地区文教卫服务的拥挤系数较高。造成这一结果的原因，一是户籍制度的限制，作为人口净流入的东部地区，随着中西部地区人口流入，增加行政管理服务的公共需求。因为这类支出与文教卫相比户籍制度的限制程度较弱，面对增加的行政管理公共需求，地方政府只能增加相应的支出。二是不同类型公共服务的排他程度不同。文教卫服务一般得拥有本地户籍的居民才能享受，外来流动人口不能均等地享受这种类型的服务。这与伍文中（2011）得到的结论类似。伍文中研究表明人口流入地的社会服务性支出不仅没有增加，反而下降。这说明地方政府不会因为人口的增加而增加社会服务性支出，人口流动与社会服务性流动脱节。

而关于地方政府供给公共服务时，如何甄别流动人口，国内学者研究趋于一致——户籍制度。财政支出将随着户籍人口数增加而快速膨胀，其财政收入却不会因户籍人口数变化而显著变化（高翔，2015）。夏纪军（2004）指出户籍制度成为地方政府为了自身利益甄别流动人口的有力工具。张义博、刘文忻（2012）在研究财政支出结构对城乡收入差距影响时，把财政支出分为基本建设支出、城市维护建设费、公共管理支出和科教文卫支出。实证结果显示，前三种财政支出对城乡收入差距影响均不显著。但是，科教文卫支出能够显著的扩大城乡收入差距。这说明，前三种支出"属人"的特征不如科教文卫支出明显，即不能区分户籍人口和流动人口。付文林（2012）认为户籍制度会加剧地方政府公共品的供给失衡。甘行琼等（2015）认为地方政府依据户籍供给公共服务，流动人口受到歧视。王丽娟（2010）则把财政分区和户籍制度进行了比较。这两种政策都是限制人口流动来实现地方政府目标最大化，财政分区是凭借不断提高新增居民的边际收益，后者主要是通过减少为新增居民提供的公共服务的成本。丁菊红、邓可斌（2011）认为户籍管制程度与"软公共品"供给增长速度呈显著"U"形关系。当"软公共品"供给增长速度较低时，户籍管制程度较严格；但随着"软公共品"供给增长速度逐渐加快，户籍管制程度开始下降。

外来人口大量涌入，势必会影响原来本地居民的福利水平。流入地政府利用户籍制度有效区分流动人口和户籍人口，努力消除流动人口"搭便车"的行为。刘晓峰等（2010）认为在经济发展和城市化的早期，地方政府因为财力匮乏，对流动人口的公共服务歧视必定有利于城市居民的福利水平。但是当经济发展和城市化进程达到一定阶段、城市内流动人口规模达到一定水平时，对于流动人口的公共服务歧视会加剧城市内户籍人口和非户籍人口的福利差距，引发社会矛盾，白白消耗社会资源，降低城市户籍人口的福利水平。

本书的逻辑起点为人口流动，通过分析人口流动对地方财政支出的影响，而不是上文中的地方支出竞争吸引人口的流入。与本书逻辑起点相同的文献十分的稀少。付文林（2007，2012）和伍文中（2011）虽然得出随着人口的增加，社会服务性支出减少的结论，但他们模型中人口流动的相关变量作为被解释变量，而具体的支出类型被当作解释变量，这与本书预想采用的正好相反。王德祥、李建军（2008）通过分析地市和县人口流入对公共品供给的影响，得出随着人口流入数量增多，公共品供给的规模也随之增加，而公共品的拥挤程度并未增加。江依妮（2013）以广东省为例研究外来人口聚集地区的公共服务支出变化。结果表明，随着省际流动人口流入，降低当地消费型公共服务的支出水平，户籍制度并未有效地甄别户籍人口和非户籍人口。段哲哲、黄伟任（2015）利用福建省58 个县市 4 期的面板数据，研究流动人口对地方财政中教育支出的影响。人口流动会对人口流入地产生教育资源挤占效应，地方政府基础教育财政支出存在自利性动机，为了实现本地利益最大化，会对流动人口子女在本地入学设置相关门槛。王金营、李庄园

（2016）研究认为快速成长城市的流动人口规模增大，势必会增加公共服务的需求，从而增加城市财政支出规模。

2.3　国际间人口流动财政效应的文献综述

与人口在地区间流动类似，人口在国际间的流动，简称移民（immigrant），通过改变劳动力供给，影响流入国、流出国的财政收支。由于移民大多受过良好的教育（Mountford，1997；Beine et al.，2001；Levitt，2005），流出国损失了高收入的纳税者，相反，流入国获得新纳税者。而教育、医疗等基本公共服务均由流出国政府提供，流入国享受了流出国的投资成果。格鲁贝尔和斯科特（Grubel & Scott，1966）首先研究了移民对流出国和流入国的影响。他们认为虽然对流出国短期内有负效应，但由于收入回流、回国创业、社会网络效应等有利因素，长期来看有利于流出国的经济增长。博尔哈斯（Borjas，1988）发现美国同等受教育程度的移民与美国公民的收入不同。而他在1989年的著作为以后的研究提出了规范的框架。把新古典经济学中的效用最大化和利润最大化引入到研究移民的经济行为中，并结合国际贸易的赫－俄理论，要素价格理论来研究移民问题。

移民对流出国影响主要体现在收入回流和教育支出方面。阿科斯塔等（Acosta et al.，2007）认为收入回流对流出国是一笔"横财"。法伊尼（Faini，2007）和多基耶和拉波尔特（Docquier & Rapoport，2007）则认为收入回流虽然能够增加流出国的财政收入，但是不足以弥补人才流失（brain drain）造成的损失。贾斯曼和蒂斯（Justman & Thisse，1997，2000）通过研究发现，受过良好教育的移民对流出国教育方面的支出由于得不到流入国的补偿，流出国政府会减少教育方面的支出。而多基耶和拉波尔特（2007）的理论研究表明流出国的教育支出并未减少。一般认为，人才外流会长期中降低流出国的人力资本存量，选择限制移民的政策，最优移民率为零。当存在国家间的补贴时，最优移民率为正。

移民对流入国的影响主要体现在劳动力市场的竞争和政府支出的扩张。在美国，移民家庭与本国家庭相比更需要医疗补贴、贫困家庭补助、食品券等其他种类的公共救助（Borjas & Hinton，1996）。移民家庭与本国家庭相比人口更多，有更多的孩子，而收入更少。在考察的时期内，移民和本国居民对福利项目使用的差异变小了，甚至出现了逆转。这是因为 1996 年出台的政策限制了非本国居民享受福利项目的权利，但是移民家庭仍然使用更多的公共医疗服务（Borjas，2003；Capps et al.，2005）。Bolin（2004）通过计算得出了平均每位美国移民带来的财政净收益约为 8 万美元，移民带来的总财政净收益每年达到约 100 亿美元。而移民带来的效用损失，如工作机会的竞争、工资的影响都是很小的。由博尔哈斯等（2016）联合编写的 2016 年美国科学、工程及医药学会（National Academies of Sciences, Engineering and Medicine）报告显示，对于各级政府来说，第一代移民每年造成的支出成本约 570 亿美元，然而第二代移民由于有完善的教育程度和纳税能力，是政府税收的强大支柱，每年的贡献约 300 亿美元，到了第三代，对美国的税收贡献更是提高到 2230 亿美元。长期来说，移民对美国本土出生劳工的整体薪资及就业机会仅有"些微到无"的负面影响。2004 年通过的欧盟扩大条约，成员国数量由 15 个增长到 25 个，人口数量增加近 1 亿，使得低收入欧盟国家中的低熟练度（low-skilled）的居民可以迁移到高收入国家，增加了其福利支出（Sinn，2002）。这一现象类似于我国省际间的人口流动，也为学者研究国际移民提供了很好的素材。汉森（Hansen，2008）认为移民对流入国劳动力市场的影响是不确定的，但认为移民会扩大全世界的总产出。杜斯特曼等（Dustmann et al.，2010）研究其他欧盟国家移民对英国的影响发现，移民比本国居民少享受 60% 的税收减免，低 58% 的可能性拥有保障性住房。进一步分析，移民与本国居民在年龄、性别、受教育背景等条件相同下，仍比本国居民少获得 13% 的政府福利，低 28% 的可能性拥有保障性住房。但是因为移民受教育程度更高，劳动参与度更高，支付了更高比例的间接税①，所以其财政贡献度高于本国居民。总之，移民对流入国的财政收入效应大于财政支出效应。

关于移民财政效应的研究，大多数为理论分析，实证分析很少。德赛等（Desai et al.，2008）研究印度的人才外流（brain drain）对本国的影响得到，1900～2000年，受过高等教育印度居民的移民率从2.8%上升到4.3%。特别是研究移民到美国的情况，2000年受过高等教育的移民占总移民的65%，其净税收损失占GDP的0.24%，而收入回流引起的税收占GDP的0.1%，部分抵消了移民的税收损失。史密斯和埃德蒙斯顿（Smith & Edmonston，1998）综合分析了各级政府、各种税收、各项福利项目来研究移民的净财政负担，并考虑了动态的情形。通过把移民按受教育程度分类，研究发现20～30岁中，高中以下学历者的净财政负担最重。这与奥尔巴赫和奥列奥普洛斯（Auerbach & Oreopoulos，1999）结论类似。汉梅勒和希斯科克斯（Hanmeueller & Hiscox，2010）认为劳动力市场的竞争和公共负担的加重是各国反对移民的主要原因。

总体而言，移民无论对流入国还是流出国的财政影响都比较小，对流入国的财政收入效应大于对其财政支出效应。因为，移民与本书的研究对象——省际流动人口，具有类似的性质，通过回顾对其研究可以为本书提供参考。

2.4　小结：文献评述

从现有关于财政不平衡的文献可以看出，"分税制"改革以后，财政不平衡现象是非常普遍的，导致财政不平衡的原因主要分为经济因素和政治因素。与国外财政体制不同，我国地方政府的财政收入，特别是税收收入的自主性、独立性较低。因为，地方政府并没

---

① 这三点与省际流动人口也相吻合。

有税收的立法权，只能被动地接受中央政府制定的税率、征税对象等。而能够独立征税的地方政府在调节地方财政收支平衡时，不仅依靠中央政府的转移支付还可以通过地方税率进行调节。目前，调节我国地方政府财政不平衡的政策工具只有转移支付这一种。通过本书对国内外文献的回顾与总结，转移支付的财政平衡作用并不是万能的，尤其是调节横向不平衡的效果更不尽如人意。而通过国外学者把人口流动引入到理论模型中，推导出人口在地区间的流动同样可以调节地区间的财政不平衡。这为今后政府在制定政策时提供了另一种选择——通过引导和鼓励地区间的人口流动来弥补地方财政不平衡。而国内关于此方面的研究还比较少，大多数研究集中在转移支付的均等化效应上，人口流动对地方财政平衡的影响并未引起国内学者的重视。基于此，本书将人口流动纳入到财政平衡的研究框架中，下文将详细的分析人口流动如何能够起到财政平衡的作用以及作用机理。

具体到人口流动与地方财政收入和支出的关联，特别是关于财政收入的研究，直接相关的比较少。因此，本书从另一个角度对其展开研究。通过分析人口流动对地区经济发展差距的影响，近似的代替对财政收入的影响。国内外学者关于人口流动与地区经济发展差距的影响，并未形成一致的结论。重新回到本书关注的地方财政收入上，地区发展差距与财政收入差距虽然不是简单的正比例关系，但是一般而言，经济发展水平越高的地区，财政收入越充裕；经济发展水平越低的地区，财政收入越捉襟见肘。因此，人口流动对地方财政收入的影响并不清晰。下文在已有研究的基础之上将对这一问题进行分析。传统的蒂伯特模型把人口自由流动作为地方性公共品有效供给的条件之一。受其影响，众多学者把财政支出竞争作为吸引人口流入的策略进行研究。当地方政府支出增加时，流入的人口数量也会增多。把支出类型细分为生产型、消费型和维持型，分别研究三者对人口流入的影响。本书在分析流动人口对地方财政支出的影响时，借鉴已有研究的分类方法，把地方政府支出类型分为上述三种。

大量学者强调户籍制度对人口流动的限制，导致流动人口与户籍人口不能均等的享受地方性公共品。三种支出类型与户籍的密切程度成为其供给规模的因素之一。与户籍关系密切的，可以把流动人口排除在外，其有效供给规模仅与户籍人口有关。反之，其有效规模还需包含流动人口。而本书的分析起点与传统的财政支出竞争吸引人口流入不同，本书以人口流动作为逻辑起点，分析其对地方财政收支的作用机理。目前为止，这方面的研究还较少，特别是缺乏系统性的研究，大多数仅研究财政收入或财政支出，并未把把财政收支纳入一个分析框架中，分析人口流动对地方财政收支平衡的影响。

国际间的移民与我国省际间的人口流动具有很多相似的特征，如均受教育程度较高，劳动参与度较高，受到流入地的福利歧视等。移民与我国的省际流动人口也存在差异性，如省际流动人口的规模更大，流动成本更低，流动性更强等。因此，通过分析移民对流入国和流出国的财政效应可以为本书提供研究思路和研究方法。而对移民财政效应的实证检验更为本书的结论提供比较的对象。总结和回顾国外学者的研究成果，移民的财政效应很小，对流入国的财政盈余大于零；对流出国的收入效应不足以抵消人口流出带来的损失。

第 3 章

中国人口流动与地方
财政收支现状分析

3.1 中国人口流动状况考察

3.1.1 中国人口流动概况

新中国成立初期，人口可以自由流动，但是其规模较小。自 1958 年 1 月开始施行的《中华人民共和国户口登记条例》把全国分为城镇和农村两种户口类型，至此严格的户籍管理制度在我国开始施行①。《条例》规定，居民变动居住地事先需得到公安部门批准，到其他地区需要单位开介绍信等。这一时期的人口主要根据国家的政策而流动，一般是从中心区域向边疆地区流动，比如现在依然存在的"新疆生产建设兵团"。这是因为，新中国成立初期，生产力相对落后，必须在人口与土地承载力之间寻求平衡。国家引导中心区域、人口稠密地区的居民向东北、西北等边疆地区迁移。既

---

① 蔡昉. 中国流动人口问题 [M]. 北京：社会科学文献出版社，2007：20.

缓解了中心区域的人口压力，又开发建设了边疆地区，有利于国家的稳定。据统计，从新中国成立到 1958 年，全国因经济建设而迁移的人口达到 2000 万以上①。这一时期，人口流动的原因主要是国家政策的引导，居民自主迁移的意愿为辅。之后，由于三年困难时期和"大跃进"等政策因素的影响，依靠政府引导、有计划、有组织的人口迁移逐渐减少，而自发的人口流动由于户籍制度的限制也趋于减少。因此，全国的人口流动规模趋于停滞。而"文革"期间的人口流动主要是知识青年的"上山下乡"运动。政策因素成为人口迁移的主要原因，大部分为被动迁移。胡焕庸、张善余（1984）②的著作研究得出 1954～1962 年之间，人口迁移率约为 3%，而 1963～1978 年下降到了 2%。

改革开放后，随着经济社会的发展，户籍制度的松动，人口流动规模逐渐扩大，人口主要流向东部地区。1982 年，我国流动人口的规模为 657 万，而 2014 年，全国流动人口约为 2.43 亿，增长了约 36 倍③。经济因素成为人口流动的最大诱因。而如此巨大的增长是分为三个阶段来实现的：

第一个阶段是从 1978 年到 1994 年。这一阶段，首先是家庭联产承包责任制的实行使得农村地区出现大量剩余劳动力，加上私营经济的发展，部分农村地区居民逐渐向城市转移。1978 年城镇人口占总人口的比重为 17.92%，而 1994 年增长到 28.51%④。乡镇企业作为当时私营经济的最重要组成部分，20 世纪 80 年代中期之前并不能充分发挥就业吸纳能力，这种能力到 80 年代中后期达到顶峰⑤。短距离的人口迁移是这一时期的主要特点，而总的人口流动规模并不是很大。

---

① 周燕萍. 我国省际人口流动的社会经济效应研究［D］. 云南大学, 2011.
② 胡焕庸, 张善余. 中国人口地理. 上册［M］. 上海：华东师范大学出版社, 1984.
③ 国家人口和计划生育委员会流动人口司. 中国流动人口发展报告－2015［M］. 北京：中国人口出版社, 2015.
④ 国家统计局. 中国人口统计年鉴：2000.［M］. 北京：中国统计出版社, 1999, 第447页.
⑤ 蔡昉. 中国流动人口问题［M］. 北京：社会科学文献出版社, 2007 年, 第51页.

第二个阶段是 1995 年到 2000 年。这一时期，居民的迁移意识逐渐增强，加上户籍制度的放松，居民自主迁移比例大幅上升。从表 3-1 中可以看出，2000 年的人口流动规模是 1995 年的近三倍。与之前的人口从中心区域向边疆地区流动不同的是，人口由中西部地区向东部地区流动①。人口流动的影响因素中，经济因素的作用越来越显著。

表 3-1 　　　　　　　　　流动人口分地区情况

地区		1995 年	2000 年	2005 年	2010 年
东部地区	北京市	1385500	3849975	7528500	10498288
	天津市	541700	1610739	2807500	4952225
	河北省	1013800	2646770	6348500	8297279
	辽宁省	1388200	4675951	8533900	9310058
	山东省	1477200	4792208	10158600	13698321
	上海市	1228000	4494459	9354600	12685316
	江苏省	2486800	5265772	14424200	18226819
	浙江省	1092000	4401928	14266700	19900863
	福建省	912200	3295220	9875700	11074525
	广东省	4192200	14344919	35146800	36806649
	海南省	224100	576952	1294400	1843430
	合计	15941700	49954893	119739400	147293773

---

① 东部地区包括北京、天津、河北、辽宁、上海、江苏、浙江、福建、山东、广东和海南共 11 个省（市）；中部地区包括山西、内蒙古、吉林、黑龙江、安徽、江西、河南、湖北、湖南、广西共 10 个省（区）；西部地区包括重庆、四川、贵州、云南、西藏、陕西、甘肃、青海、宁夏、新疆共 10 个省（区）。

续表

地区		1995 年	2000 年	2005 年	2010 年
中部地区	山西省	522000	1822891	3743100	6764665
	内蒙古	913800	1926308	5796100	7170889
	吉林省	603100	1876039	3446600	4462177
	黑龙江省	1467700	2322833	4806200	5557828
	安徽省	630100	2080785	5322200	7100608
	江西省	550800	1491800	3902700	5302276
	河南省	825100	3405516	4627800	9764067
	湖北省	1058300	4188857	6131500	9250228
	湖南省	1016000	2656802	5825600	7898815
	广西	620600	1709513	3906400	6291811
	合计	8207500	23481344	47508200	69563364
西部地区	重庆市		1705416	2942700	5440776
	四川省	1533300	3311069	7558600	11735152
	贵州省	544900	1406654	3188300	4629542
	云南省	924800	1987663	4491100	6053805
	西藏	53900	94753	146400	262005
	陕西省	489800	1113443	3115300	5894416
	甘肃省	387900	912788	1627800	3112722
	青海省	215300	295548	664800	1140954
	宁夏	94900	275653	744400	1534482
	新疆	685100	1231826	2862400	4276951
	合计	4929900	12334813	27341800	44080805
全国	总计	29079100	85771050	194589400	260937942

数据来源：1995 年、2005 年 1% 全国人口抽样调查与 2000、2010 年全国人口普查。

第三阶段是 2000 年至今。在这一阶段中，人口流动的规模继续扩大，但是增速逐渐放缓。2010 年的人口流动规模是 2005 年的 1.3 倍。2014 年全国流动人口比 2013 年增加了约 350 万，增速明显放缓。现在全国人口中约 1/5 为流动人口，流动人口的规模逐渐扩大，其中跨省流动人口的规模也逐年增长。"民工潮"和"用工荒"的矛盾引起政府的高度重视，政府制定政策引导人口的合理流动。但随着人口流动规模的扩大，带来一系列问题，如"留守儿童"和"空巢老人"等。

3.1.2　中国省际人口流动的总体特征

自 20 世纪 90 年代中期以来，流动人口的规模不断扩大，而省际流动人口的规模也持续增长。截至 2014 年 10 月 1 日，全国省际流动人口约 9433 万，比 2013 年增长了 136 万①。第五次人口普查中，省际流动人口约为 4242 万，而第六次人口普查统计的省际流动人口约为 8588 万。十年间，增长了一倍多。对比流动人口的规模，第五次人口普查统计的流动人口约为 14439 万，第六次人口普查统计的约为 26094 万，增长了不到一倍。这表明，省际流动人口占总流动人口的比重不断上升。

省际流动人口的流向为由中西部地区向东部地区流动。从表 3 - 2 可以清楚地看到，东部地区的净流入人口一直是正的，且随着时间的推移，逐渐增多；中西部地区的数值一直为负，且总数的绝对值越来越大。在下一节中将详细分析省际人口流动的流向特征。

表 3 - 2　　　　1995 ~ 2010 年省际流动人口分地区数据　　（单位：万人）

地区		1995 年	2000 年	2005 年	2010 年
东部地区	流入人口	596.95	3315.96	5599.76	6287.84
	流出人口	243.13	746.92	1095.45	1614.23
	净流入人口	353.82	2322.72	4504.31	4701.05

---

① 国家人口和计划生育委员会流动人口司. 中国流动人口发展报告 - 2015［M］. 北京：中国人口出版社，2016.

地区		1995 年	2000 年	2005 年	2010 年
中部地区	流入人口	174.67	425.67	505.14	782.87
	流出人口	437.26	756.09	3766.44	4741.68
	净流入人口	-262.59	-1896.57	-3261.30	-3958.82
西部地区	流入人口	147.10	500.22	513.19	812.48
	流出人口	238.33	1163.52	1756.20	2231.73
	净流入人口	-91.23	-663.30	-1243.01	-1419.25
全国	省际流动人口	918.72	4241.86	6618.09	8587.63

数据来源：1995 年、2005 年 1% 全国人口抽样调查与 2000、2010 年全国人口普查。

3.1.3 中国省际人口流动的流向特征

钱程（2014）[①] 在研究我国省际人口流向特征时，采用人口流动选择指数进行研究。人口流动选择指数包括综合流入选择指数与综合流出选择指数。其计算公式表示为：

$$综合流入选择指数 = \frac{地区\ i\ 流入人口}{地区\ i\ 总人口/全国总人口} \times 所有省际流入人口$$

$$综合流出选择指数 = \frac{地区\ i\ 流出人口}{地区\ i\ 总人口/全国总人口} \times 所有省际流出人口$$

类似的，伍文中（2011）[②] 采用综合迁入选择指数来衡量某一地区对其他地区居民的吸引力。张丽（2012）[③] 则引入迁入偏好度来研究省级人口的流向问题。具体计算公式为：

$$地区\ i\ 的流入偏好 = \frac{时期\ t\ 内地区\ i\ 的流入人口}{时期\ t\ 内全国流出人口 - 地区\ i\ 的流出人口}$$

$$地区\ i\ 的流出偏好 = \frac{时期\ t\ 内地区\ i\ 的流出人口}{时期\ t\ 内全国流入人口 - 地区\ i\ 的流入人口}$$

其中，张丽（2012）采用的迁入偏好度更能直观地观察人口流

---

① 钱程. 我国省际人口流动与地区经济发展的均衡性研究 [D]. 首都经济贸易大学，2014.

② 伍文中. 政府间财政支出竞争的人口流动效应分析 [J]. 统计与决策，2011 (2)：132 - 134.

③ 张丽. 公共产品配置对人口迁移的作用研究 [D]. 东北师范大学，2012.

入、流出地区。本书采用这一方法对最近两次人口普查数据进行处理，得出各个省市的流入、流出偏好。表3-3描述了两次人口普查中关于省际流动人口迁入偏好度的相关数据。

表3-3　　　　　第五、六次人口普查省际人口迁入偏好度

地区	流入偏好		地区	流出偏好	
	六普	五普		六普	五普
广东省	0.2529	0.3588	安徽省	0.1130	0.1025
浙江省	0.1407	0.0901	四川省	0.1051	0.1656
上海市	0.1048	0.0742	河南省	0.1011	0.0732
江苏省	0.0891	0.0623	湖南省	0.0849	0.1024
北京市	0.0823	0.0582	湖北省	0.0694	0.0671
福建省	0.0512	0.0516	江西省	0.0679	0.0873
天津市	0.0349	0.0174	广西壮族自治区	0.0492	0.0582
山东省	0.0256	0.0250	贵州省	0.0476	0.0380
辽宁省	0.0211	0.0249	河北省	0.0414	0.0294
新疆维吾尔自治区	0.0209	0.0334	重庆市	0.0413	0.0239
河北省	0.0171	0.0226	江苏省	0.0390	0.0430
内蒙古	0.0170	0.0131	山东省	0.0370	0.0270
四川省	0.0147	0.0151	黑龙江省	0.0299	0.0279
云南省	0.0147	0.0277	浙江省	0.0250	0.0383
湖北省	0.0127	0.0154	陕西省	0.0231	0.0192
陕西省	0.0116	0.0102	福建省	0.0204	0.0201
重庆市	0.0115	0.0097	甘肃省	0.0186	0.0139
山西省	0.0110	0.0158	云南省	0.0175	0.0083
广西壮族自治区	0.0103	0.0107	吉林省	0.0161	0.0145
安徽省	0.0094	0.0060	广东省	0.0137	0.0157
贵州省	0.0093	0.0100	山西省	0.0128	0.0073
湖南省	0.0092	0.0092	内蒙古	0.0126	0.0121

续表

地区	流入偏好		地区	流出偏好	
	六普	五普		六普	五普
河南省	0.0077	0.0121	辽宁省	0.0121	0.0087
江西省	0.0075	0.0065	新疆维吾尔自治区	0.0035	0.0038
海南省	0.0069	0.0090	北京市	0.0035	0.0023
黑龙江省	0.0061	0.0094	天津市	0.0033	0.0020
吉林省	0.0054	0.0074	上海市	0.0033	0.0036
甘肃省	0.0051	0.0054	海南省	0.0032	0.0028
宁夏回族自治区	0.0043	0.0045	青海省	0.0028	0.0022
青海省	0.0037	0.0029	宁夏回族自治区	0.0026	0.0021
西藏自治区	0.0019	0.0026	西藏自治区	0.0006	0.0005

数据来源：根据2000年、2010年全国人口普查数据整理而得。

从表3-3可以看出，人口流入偏好较高的省份，除新疆外，大多集中在东部地区；而人口流出偏好较高的省份，主要集中在中西部地区；中部地区的省市大多集中在表格的中部，人口流动比较稳定。广东、浙江、上海、江苏和北京一直是人口流入偏好较高的省市，而安徽、四川、河南、湖南和湖北一直是人口流出偏好较高的省份。广东省的省际人口流入偏好度在两次人口普查的结果都是第一，而且领先优势较大。但是第六次人口普查结果低于第五次人口普查的结果，可能是因为作为我国最先开放的省份，形成了依靠出口的加工贸易，最早吸引人口的流入。广东省作为我国对外经济贸易额最大的省份，2008年国际金融危机之后，出口的萎靡，严重影响当地的企业生存。尤其是一些依靠对外加工的劳动密集型企业。企业的现状直接反映到劳动力的需求上，这造成了广东省人口流入偏好出现下降的趋势。与之相反，浙江、上海、江苏和北京的人口流入偏好有了大幅度的提高，特别是浙江省提高了约0.05。主要是因为2000年以后，东南沿海地区的经济进入转型期，加上长江三角洲地区的发展，使得广东省的人口流入偏好下降，"江浙沪"

的人口流入偏好上升。山西省数值出现下降的原因，可能是随着煤炭经济的衰落，煤炭企业的劳动力需求下降，导致人口流入偏好降低。四川省的人口流出偏好下降的比较严重，下降了 0.06。这可能是因为"西部大开发"战略实施之后，四川省取得了快速发展，2000 年至 2010 年，四川省的国内生产总值在西部地区遥遥领先。

图 3 - 1 和图 3 - 2 分别表示第六次人口普查中人口流入、流出规模较大的省市。如图 3 - 1 所示，除了新疆和内蒙古以外，其余地区均位于东部地区；图 3 - 2 中，除了位于后两位的河北和山东外，其他地区均位于中西部地区，其中中部地区有 5 个省份，西部地区则包含了 4 个省市。相对于人口流入省份，人口流出省份并不是那么集中。主要人口流入省市，广东、浙江、上海、江苏和北京领先；而主要人口流出省份，安徽、四川、河南、湖南、湖北和江西之间差距并不大。值得注意的是，宁夏、青海和西藏地区的人口比较稳定，流入和流出偏好都位于全国后三名。

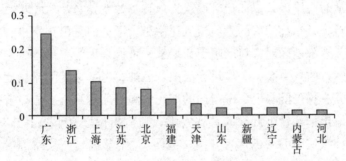

图 3 - 1　主要人口流入省（市）流入人口占全国总流入人口的比率

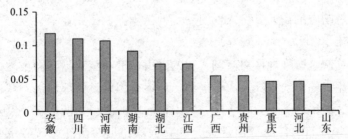

图 3 - 2　主要人口流出省（市、区）流出人口占全国总流入人口的比率

表3-4为全国各地区流入、流出人口占总流动人口的比率。
从下表可以清楚地看到，东部地区流入人口占总流入人口的八成左
右，中部地区、西部地区约各占一成。而流出人口方面，中部地区
占总流出人口的大部分。因此，我国人口具有由中西部地区向东部
地区流动的趋势。

表3-4　　全国各地区流入、流出人口占总流动人口的比率

地区	第六次人口普查		第五次人口普查	
	流入占比	流出占比	流入占比	流出占比
东部地区	0.814	0.188	0.782	0.178
中部地区	0.091	0.552	0.100	0.548
西部地区	0.095	0.260	0.118	0.274

数据来源：根据2000年、2010年全国人口普查数据整理而得。

从时间维度，纵向比较两次人口普查的差异之处，可以得到：

首先，东部地区的人口流入比率更大了，而流出比率也有小幅
上升。东部地区对人口的吸引力增强，可能是因为东部地区经济更
加发达，收入更高，工作机会更多。另外，东部地区的流出比率窄
幅上升，这可能与上文中得出的浙江省和江苏省第六次人口普查的
人口流出偏好较第五次人口普查的人口流出偏好有小幅上升有关。
随着国家实施的"西部大开发"战略、"中部崛起"战略等宏观调
控政策，中西部地区各级政府纷纷出台相关优惠政策，以吸引外地
资本的进入。而浙江省和江苏省是我国民营经济较发达的省份，拥
有灵敏嗅觉的商人。商人们纷纷到外省创业、拓展业务，引起了人
口的流出。

其次，西部地区对流动人口的吸引力进一步下降，而本地区的
居民流出的倾向更高。由于经济、环境等因素，西部地区不仅对其
他地区居民的吸引力在下降，对本地居民的吸引力同样在下降。从
2000年开始实行的"西部大开发"战略，虽对西部地区经济发展
有促进作用，但是与东部沿海地区经济发展速度相比，还显不足。

因此，越来越多的西部地区居民选择到别的省市寻求发展机会。

最后，中部地区的人口流动比较稳定。流入人口占比有小幅的下降，流出人口占比变化的范围不大。中部地区与东部地区相比，经济相对落后，而与西部地区相比，则处于领先地位。因此，中部地区居民流出的意愿就不如西部地区居民强烈，造成人口流动状况比较稳定。这也与前文的结论类似。

3.1.4　中国省际人口流动的结构特征

本节主要从流动人口的年龄结构、受教育程度和迁移的影响因素来分析省际流动人口的结构特征。

国际上，劳动适龄人口的年龄下限是 15 岁，上限是 64 岁。我们把 15 ~ 64 岁的人口称为劳动适龄人口。表 3 - 5 根据我国第六次人口普查中关于流动人口年龄结构的相关数据，计算出我国适龄劳动人口的数量。具体而言，劳动适龄人口占流动人口总数的 85%；省内流动人口中劳动适龄人口的比重为 83%；省际流动人口中劳动适龄人口的比重为 90%，均高于劳动适龄人口在省内流动人口中的比率和在总流动人口中的比率。而 2010 年，我国同期劳动适龄人口占总人口的比例为 74.5%，比省际流动人口的比率低近 15%。由此说明，我国流动人口主要是由青壮年劳动力构成的。这也更能凸显出人口净流出地"留守儿童"和"空巢老人"的问题。

表 3 - 5　　　　　　第六次人口普查流动人口年龄结构　　　　　（单位：万人）

年龄	省内	省际	总计
0 ~ 14 岁	2094.17	705.72	2799.89
15 ~ 64 岁	14540.06	7768.57	22308.63
65 岁以上	871.94	113.34	985.28
总计	17506.16	8587.63	26093.79
占比	0.83	0.90	0.85

数据来源：根据 2010 年第六次人口普查数据整理。

表 3 – 6 显示，包括省内流动和省际流动的总流动人口受教育
程度均高于全国平均水平。从初中开始，省际流动人口的受教育程
度均高于全国平均水平，而省内流动人口是从高中学历开始高于全
国平均水平。省际流动人口的受教育程度大多集中在初中学历，占
到省际流动人口的 52.8%，明显高于全国平均水平，更高于省内流
动人口。流动人口中，大学专科及以上学历的居民更倾向在本省内
流动。一般认为，受教育程度越高，居民的综合素质越高，越容易
找到高收入、低劳动强度的工作。大学专科及以上学历的居民在当
地更容易找到好工作，所以其跨省流动的激励就低于学历低的居
民。这就使得大学专科及以上的居民更倾向在省内流动。而未上过
学和小学学历的居民，因为受教育程度低不论是省内流动还是跨省
流动，都不容易找到一份符合预期的工作。所以，受教育程度低的
居民更倾向于在居住地工作。这样，处于中等受教育程度的初中的
居民，一方面，这类居民不甘心在当地寻求一份低于自己预期的工
作；另一方面，经历过"九年义务教育"，有一定的文化水平，跨
省流动后有能力找到一份符合预期的工作。此外，中国流动人口发
展报告研究表明，流动人口的融合状况随受教育程度呈梯次提高的
特点[1]。在流动人口中，流动跨越的行政区域越大，社会融合水平
越低。因此，受教育程度越高的居民更容易与新迁移的地区融合，
这反过来也会增加其流动性。

表 3 – 6 　　　　　　　　第六次人口普查流动人口受教育程度

受教育程度	省内（人）	占省内比例	省外（人）	占省外比例	合计（人）	全国 6 岁及以上人口情况（人）	比例
未上过学	3549013	0.021	1241698	0.015	4790711	62136405	0.050
小学	26610954	0.160	14316396	0.173	40927350	357211733	0.287

---

① 国家人口和计划生育委员会流动人口司. 中国流动人口发展报告 – 2015［M］.
北京：中国人口出版社，2015.

续表

受教育程度	省内（人）	占省内比例	省外（人）	占省外比例	合计（人）	全国 6 岁及以上人口情况（人）	比例
初中	58779160	0.351	43670197	0.528	102449357	518176222	0.417
高中	42810179	0.256	13856027	0.168	56666206	186646865	0.150
大学专科	19804048	0.118	5015414	0.061	24819462	68610519	0.055
大学本科	14662627	0.088	4168242	0.050	18830869	45625793	0.037
研究生	1167542	0.007	385194	0.005	1552736	4138585	0.003
总计	167383523		82653168		250036691	1242546122	

数据来源：根据 2010 年第六次人口普查数据整理。

表 3 - 7 分析了第六次人口普查的数据。无论是省内流动还是省际流动，务工经商是人口流动的最重要因素。经济因素是人口流动的首要影响因素。其中，务工经商的人口占省际流动的 74.7%，占省内流动的 30.4%。工作调动影响省际人口流动更为显著，而学习培训和随迁家属更能影响省内流动。显然，拆迁搬家对短距离的人口流动影响更为显著。有趣的是，婚姻嫁娶中，无论是省内流动还是省际流动，女性的比例均远远高于男性。

表 3 - 7　　　　　　第六次人口普查人口流动原因　　　　（单位：万人）

	省际流动人口	省内流动人口
务工经商	6413	5360
工作调动	2123	792
学习培训	378	2601
随迁家属	797	2900
投亲靠友	280	819

		省际流动人口	省内流动人口
拆迁搬家		74	2353
寄挂户口		12	175
婚姻嫁娶	总	220	1040
	男	32	188
	女	188	852
其他		201	1465
合计		8588	17506

数据来源：根据 2010 年第六次人口普查数据整理。

综上所述，从建国初期到改革开放之前，我国的人口流动主要受国家政策影响，政策因素起决定作用。改革开放之后，随着经济社会的发展，经济因素逐渐成为影响人口流动的主要因素，国家宏观的区域经济扶持政策则通过对区域经济的影响来影响人口流动。而省际人口流动的总体趋势是从中西部地区向东部经济发达地区流动，而这种流动趋势有加剧的迹象。省际流动人口基本为劳动适龄人口，我们也可以推论，经济因素成为驱动人口流动的主要力量。

3.2　中国省级地方财政收支现状分析

财政联邦主义作为地方公共财政的理论基础，其要求各级政府（包括中央政府和地方政府）均有一定的财权和支出责任，强调各级政府在财政收支上的自主性和独立性。尤其是地方政府具有一定的税收权力和支出责任，并允许地方政府自主决定其预算支出规模与结构。而目前，中国的地方政府没有税收立法权，财力不足而支出责任越来越重，为了平衡预算，越来越依赖中央政府的转移支付。另外，地方政府的支出责任大多受中央政府的指定，缺乏自主性。有鉴于此，一些国外学者认为中国不存在地方财政独立性。而邓子基（2011）[①] 认为虽然中国地方财政独立性弱于西方国家，但是仍然存在。因为地方财政的收支严重依赖于中央政府的政策，所以在分析中国省级地方财政收支现状之前，需要先考察我国的财政体制变迁。

3.2.1　中国财政体制变迁概况

新中国成立初期，与其他制度一样，新中国的财政体制是在借鉴苏联财政体制基础上建立的，最典型的特征是财政集权。之后，我国财政体制依次经历了"收支两条线"模式，"划分收支、分级包干"的"分灶吃饭"体制。"收支两条线"模式使得财政收入和支出就像两条平行线一样，并不发生直接联系。各级地方政府的收支计划和编制预算都需要财政部的批准，缺乏自主性与独立性。"财政包干制"下，地方政府的自主性和独立性得到提升。

从新中国成立以来的财政体制调整可以发现，中央政府一直占据主导地位，中央与地方、地方与地方之间的财政竞争并未形成。中央政府为了缓解其财政压力，根据需要进行集权、放权的调整，地方政府只能被动接受。这产生了严重的负面影响：割裂了地方财政收入和支出的关联，导致地方财政预算软约束产生，造成资源配置的低效和浪费。"财政包干制"导致从 1985~1994 年中央财政收入占全国财政收入的比重不断下降，新一轮的财政体制改革呼之欲出。参见图 3-3。

① 邓子基，唐文倩. 从新中国 60 年财政体制变迁看分税制财政管理体制的完善 [J]. 东南学术，2011，2011（5）：31-39.

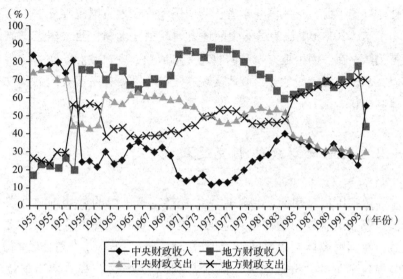

图 3-3　1953~1994 年中央、地方财政收支占比

　　"分税制"改革是我国财政体制发展进程中一次具有里程碑意义的重大改革，是新中国成立以来改革范围最广、力度最大、影响最深的一次财税制度创新（彭健，2014）[①]。其具体内容是：财政收入方面，中央与地方根据税种的归属划分收入范围；财政支出方面，以中央与地方的事权划分界定支出范围；转移支付方面，建立税收返还以及过渡时期的转移支付制度。通过税种的划分确定中央与地方财政收入，调动了中央和地方的积极性，而且划分更加规范，有利于财政体制的稳定。"分税制"改革取得了立竿见影的效果，1994 年中央财政收入占全国总收入的比重达到 55.7%，而1993 年仅为 22%，此后均维持在 50% 左右，中央财政收入显著增加。随着事权的下放，地方财政支出占总支出比重也略微上浮。因为"分税制"改革的起因为中央政府迫于预算压力，改革的主要目的为调整中央与省级地方政府间的财政分配关系，改革对省以下地方政府的财政关系很少触及。省级地方政府向下转移改革的压力，

　　① 彭健. 分税制财政体制改革 20 年：回顾与思考 [J]. 财经问题研究，2014(5)：71-78.

造成了县乡财政困难等问题的产生（贾俊雪等，2011）①。

图 3 - 5 显示 1990~2014 年中央、地方财政收入、支出占全国财政总收入、总支出的比重，从中可以明显看到，1994 年的"分税制"改革对中央、地方财政收支的影响。1994 年与前一年相比，中央财政收入比重直线上升，提高了 24 个百分点；相反的，地方财政收入占比出现了断崖式的下降。之后，中央、地方财政收入占比趋于稳定，从 2002 年开始，地方财政收入占比逐年提升，直到 2011 年超过中央财政收入比重。财政支出方面，中央财政支出比重在 1990~2000 年之间稳中有升，从 2000 年开始下降，截止到 2014 年下降了近 20 个百分点；地方财政支出比重的趋势是上升的，但是上涨幅度不大。图 3 - 4 显示的"分税制"改革对我国中央、地方财政收支的影响，其背后的原因是事权和财权的划分。中央政府凭借在政治与行政上的权威地位，拥有调整财政关系的主动权（张恒龙、孟添，2007）。随着中央政府事权的下放，财权的上收，地

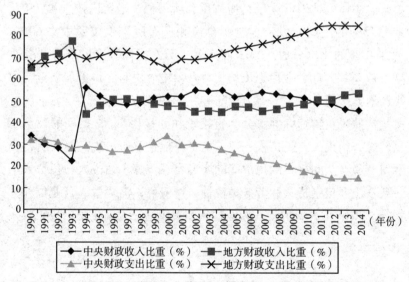

图 3 - 4　1990~2014 年中央、地方财政收支占全国财政总收支的比重

---

①　贾俊雪，郭庆旺，宁静. 财政分权、政府治理结构与县级财政解困 [J]. 管理世界，2011（1）：30 - 39.

方政府的财政收支状况受到中央政府的约束，被戴上"紧箍咒"。值得注意的是，从2007年开始，地方政府的收入、支出占总收入、总支出的比重同时出现上涨。这可以间接证明我国分权的程度在加大。

3.2.2　省级地方财政收入现状分析

省级地方政府的公共预算收入包括本级预算财政收入和中央补助收入。而本级预算财政收入主要为税收收入。中央补助收入包括税收返还和转移支付。

3.2.2.1　税收收入

"分税制"改革后，中央与地方根据税种的归属对财权进行了重新划分，使得省级地方财政收入占总财政收入的比重下降。地方财政的主体税种为营业税、增值税和所得税。增值税按中央75%，地方25%的比例分成，企业所得税和个人所得税按照中央60%，地方40%的比例分成。2016年5月1日在全国范围内推行"营改增"改革，至此营业税退出历史舞台，增值税制度将更加规范，中央与地方按照各占50%的比例分享增值税收入。

按照税负转嫁标准，分为直接税和间接税[1]。直接税的税负不易转嫁，纳税人与税负人一致，主要包括企业所得税、个人所得税和房产税等。间接税的税负能够或者容易转嫁，纳税人与税负人不一致，主要包括货物和劳务类税种：增值税、消费税、营业税和关税等。2014年，增值税、营业税和消费税这三大间接税的税收收入

---

[1]　中国的税制一共设立20种税收，即增值税、消费税、车辆购置税、营业税、关税、企业所得税、个人所得税、土地增值税、房产税、城镇土地使用税、耕地占用税、契税、资源税、车船税、船舶吨税、印花税、城市维护建设税、烟叶税和固定资产投资方向调节税，其中增值税、消费税、营业税、关税、资源税和城市维护建设税6种税收为间接税，其他14种税收为直接税。而"营改增"是2016年开始全国推广，我们在计算时分别计算营业税和增值税。

占全部税收收入的比重超过 50%①，占地方税收收入的 47.2%。企业所得税、个人所得税和房产税占地方财政收入的比重为 23.4%。因此，地方财政收入的主要来源为间接税。

从表 3 - 8 可以看出，2007 ~ 2014 年，主要间接税收入占地方税收总收入的比重趋势是下降的，下降了 7 个百分点。根据刘佐（2010）② 计算，2008 年，间接税收入占全部税收收入的 60%。这也与地方的间接税收入占地方税收总收入的比率接近。营业税约占地方税收总收入的 1/3，是地方税收收入的最主要来源。在 2012 年以前，营业税的比重比较稳定，从 2013 年开始窄幅下降。这与 2012 年开始实施的"营改增"政策有关。从增值税占地方税收总收入的比重也可以验证这一结论。2007 ~ 2012 年，增值税的比重是总体下降的，而从 2013 年开始，其比重开始上升。"营改增"的成效初步显现。

表 3 - 8　　　　　　主要间接税占地方税收总收入的比重

税种	2007 年	2008 年	2009 年	2010 年	2011 年	2012 年	2013 年	2014 年
营业税	0.34	0.32	0.34	0.34	0.33	0.33	0.32	0.30
增值税	0.20	0.20	0.18	0.16	0.15	0.14	0.16	0.17
城市维护建设税	0.06	0.06	0.05	0.05	0.06	0.06	0.06	0.06
总占比	0.60	0.58	0.57	0.56	0.55	0.54	0.54	0.53

数据来源：根据各年《中国财政年鉴》整理而得。

从表 3 - 9 可以得出，直接税收入占地方税收总收入的比重一直稳定在 20% 以上。企业所得税是直接税中的主要税种，约占其 2/3。而企业所得税一直占地方税收总收入的 16% 左右。2007 ~ 2014 年，个人所得税的收入增长了 1.33 倍，同期房产税的收入增

---

① 进口货物增值税、消费税与出口货物退增值税、消费税，计算时取两者之和。有的研究只计算进口货物增值税、消费税，对结果影响不大。

② 刘佐. 中国直接税与间接税比重变化趋势研究［J］. 经济研究参考，2010 (37)：2 - 9.

长了 2.22 倍。这表明,房地产市场的繁荣使地方财政可支配收入增加。

表 3 – 9   直接税占地方税收总收入的比重

税种	2007 年	2008 年	2009 年	2010 年	2011 年	2012 年	2013 年	2014 年
企业所得税(亿)	3132	4002	3918	5048	6746	7572	7983	8829
个人所得税(亿)	1274	1488	1583	1934	2421	2328	2613	2951
房产税(亿)	575	680	804	894	1102	1373	1582	1852
地方税收总收入(亿)	19031	22969	25856	32285	40513	46620	53065	58252
占比	0.26	0.27	0.24	0.24	0.25	0.24	0.23	0.23

数据来源:根据各年《中国财政年鉴》整理而得。

3.2.2.2 非税收收入

非税收收入主要包括:专项收入、行政事业性收费收入、罚没收入、国有资本经营收入、国有资源(资产)有偿使用收入和其他收入。如图 3 – 5 所示,近几年,非税收收入占地方预算收入的比重逐渐增加。非税收收入占地方财政总收入比率越低的地区,其经济越发达。图 3 – 6 表示,以 2014 年为例,人均地区生产总值/全国人均 GDP 与地区的非税收收入/地方财政收入的曲线增减性是相反的。这可能是因为,经济越发达的地区,其税源越充足,在满足地方财政预算平衡的约束下,增加非税收入的激励就小;相反的,经济欠发达的地区,其税源也是匮乏的,在地方财政预算平衡的约束下,转而增加非税收入。图 3 – 6 中,北京、上海和浙江是非税收收入占地方财政收入比重最低的地区,均为中国经济最发达的地区。山西、贵州、云南、西藏和甘肃是两个比值之差最小的地区,这些也是我国经济较落后的地区。

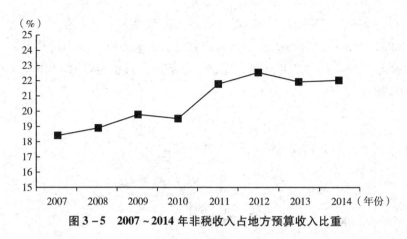

图 3–5　2007～2014 年非税收入占地方预算收入比重

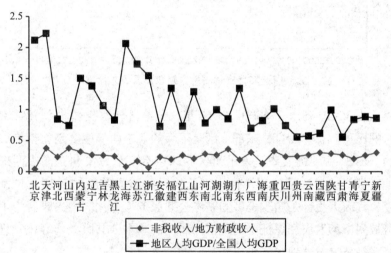

图 3–6　2014 年非税收入／地方财政收入与地区人均 GDP／全国人均 GDP

3.2.2.3　中央补助收入

　　中央补助收入包括税收返还和转移支付。税收返还是"分税制"改革时，中央与地方相互协商妥协的产物。转移支付分为专项转移支付和一般性转移支付。"分税制"改革之后，随着中央政府财权的上收，事权的下放，地方政府越来越依赖中央政府的补助收入，中央补助收入占地方财政总收入的比重越来越大。因为中央补助收入主要是转移支付，我们用转移支付数额近似替代中央补助收入。如图 3 - 7 所示,转移支付占地方财政预算收入①的比率均在 0.6 以上,峰值达到 0.85。转移支付已成为地方财政收入的重要来源之一。但从 2009 年开始,比率逐年下降,截止到 2014 年下降了约 20 个百分点。

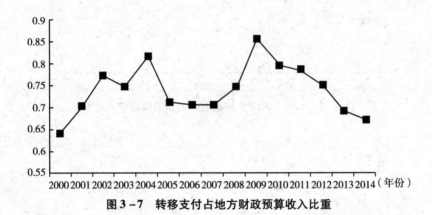

图 3 - 7　转移支付占地方财政预算收入比重

表 3 - 10 列出了 2000 ~ 2014 年,分地区转移支付占总转移支付的比重。总体而言,东部地区是下降的,中西部地区是逐年增加的。图 3 - 8 更能直观地表示 2000 ~ 2014 年,转移支付是向中西部地区倾斜的。这是因为,作为平衡地区间财力差距的转移支付制度,其政策目标是实现地区间基本公共服务均等化。中央政府为了区域间协调发展和保证不同地区间居民的基本公共服务均等化,只能对经济欠发达地区提供更多的补助。

表 3 - 10　　　　　　　2000 ~ 2014 年分地区转移支付所占比重

年份	2000	2001	2002	2003	2004	2005	2006	2007	2008	2009	2010	2011	2012	2013	2014
东部地区	0.32	0.29	0.31	0.34	0.33	0.31	0.30	0.27	0.25	0.26	0.27	0.26	0.26	0.25	0.24
中部地区	0.37	0.39	0.38	0.38	0.38	0.40	0.41	0.43	0.42	0.41	0.41	0.42	0.42	0.42	0.41
西部地区	0.30	0.32	0.31	0.29	0.29	0.29	0.30	0.33	0.33	0.33	0.33	0.33	0.33	0.33	0.35

数据来源:根据各年《中国财政年鉴》整理而得。

① 此处的地方财政预算收入是指本级财政预算收入,不包含中央政府的补助收入。

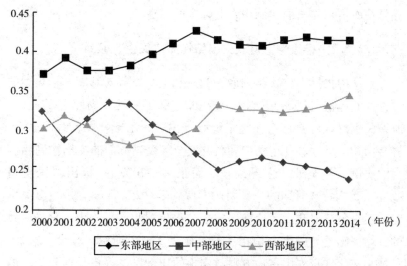

图 3 - 8　2000～2014 年各地区转移支付所占比重

3.2.3　省级地方财政支出现状分析

3.2.3.1　省级地方财政支出规模不断增长

省级地方政府作为公共服务的供给主体，其供给的教育、医疗、公共交通等公共服务与居民密切相关。省级地方政府的支出规模不断扩大，尤其是近几年，达到十几万亿的规模。2014 年地方财政支出近 13 万亿，是 2007 年的 3.4 倍[①]。这是因为一方面，"分税制"改革后，随着事权的下放，省级地方政府的支出责任越来越大；另一方面，随着社会的发展，居民需要的公共服务无论是数量还是质量均有提高，为了满足居民对公共服务的需求，省级地方政府只能不断地扩大其支出规模。从地方财政支出占总支出的比例来看，其占比也是高居不下，从 2012 年开始，已经超过了 85%，与 2007 年相比上升了 8 个百分点。总之，无论是地方财政支出规模，

---

① 2007 年起财政支出采用新的分类指标。与以往年份相比，2007 年财政收支科目实施了较大改革，特别是财政支出项目口径变化很大，与往年数据不可比。

还是其所占总支出的比例均有大幅度的提高。

3.2.3.2 省级地方财政支出结构向"民生"倾斜

自从中央提出"民生财政"这一概念，学界对其展开了热烈的讨论。安体富（2008）[1] 非常直观的定义了"民生财政"的概念：所谓民生财政，就是指在整个财政支出中，用于教育、医疗卫生、社会保障、就业、环境保护和公共安全等民生方面的支出占到相当高的比例，甚至处于主导地位。而张馨（2009）[2] 提出"民生财政"是我国特殊时期的公共财政。贾康等（2011）[3] 更是指出民生财政就是公共财政。无论如何关于"民生财政"的支出划分是一致的，均提出是与民生密切相关的。如表 3 - 11 所示，教育、医疗、科技和文化体育支出占地方财政支出的比例整体趋势是增长的。图 3 - 9 更清楚地显示了，教育、医疗、科技和文化体育支出占比的增长趋势[4]，由 2002 年占比为 20.73%，2012 年最高达到 29.51%，增长了近 10 个百分点。

表 3 - 11　　教育、医疗、科技和文化体育支出占地方财政支出的比例

年份	2007	2008	2009	2010	2011	2012	2013	2014
教育支出	6727.08	8518.59	9869.92	11829.08	15498.29	20140.68	20895.13	21788.1
医疗卫生支出	1955.75	2710.27	3930.7	4730.62	6358.2	7170.81	8203.22	10086.56
科技支出	858.46	1051.87	1310.71	1588.89	1885.88	2242.21	2715.33	2877.81
文化体育支出	771.42	955.13	1238.32	1392.56	1704.66	2074.8	2339.94	2468.49

① 安体富.民生财政：我国财政支出结构调整的历史性转折 [J].地方财政研究，2008（5）：4 - 8.
② 张馨.论民生财政 [J].财政研究，2009（1）：7 - 10.
③ 贾康，梁季，张立承."民生财政"论析 [J].中共中央党校学报，2011（2）：5 - 13.
④ 由于 2007 年起财政支出采用新的分类指标。2000 ~ 2006 年数据为《中国财政年鉴》中地方财政支出的第八项。2007 ~ 2014 年数据来自国家统计局网站。

续表

	2007	2008	2009	2010	2011	2012	2013	2014
地方财政支出	38339.29	49248.49	61044.14	73884.43	92733.68	107188.34	119740.34	129215.49
占比	26.90%	26.88%	26.78%	26.45%	27.44%	29.51%	28.52%	28.81%

数据来源：根据各年《中国财政年鉴》整理。

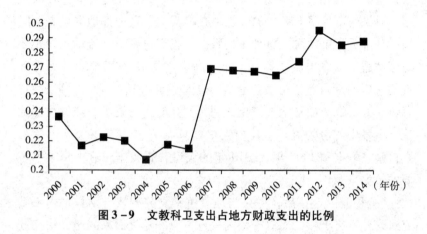

图 3-9　文教科卫支出占地方财政支出的比例

地方政府财政支出结构的变化一是配合中央政府下放的事权，二是满足辖区内居民的需求。这两点不仅导致地方政府支出规模增加，还导致支出结构发生变化。

3.3　小结

本章对中国省际流动人口和地方政府财政收支的现状进行考察的主要目的包括：其一，说明省际流动人口和地方财政收支的特征；其二，为下文实证分析中的数据选取等相关研究提供依据。

从历史的维度看，改革开放之前人口流动的动因主要是政策因素，人口流动的规模较小，人口流动的方向主要是由中心区域向边疆地区。而改革开放之后，随着市场经济体制的逐步建立，人口流动的动因变为经济因素，人口流动的规模在不断扩大，人口流动的

方向主要是由中西部地区流向东部地区。在改革开放初期,人口流
动的主要类型为就近的省内流动,主要是因为乡镇企业的发展,解
决了剩余劳动力的就近就业问题。随着珠三角、长三角的迅速发
展,广东、浙江、江苏和上海成为人口流动新的目标,与之相伴而
来的是省际流动人口的大规模增长。1995 年到 2010 年,省际流动
人口增长了九倍多。通过对比分析第五次和第六次人口普查的数
据,得到东部地区对人口的吸引力是增强的,而西部地区则是下降
的。详细分析第六次人口普查的数据,我们得到省际流动人口主要
由劳动适龄人口构成,其所占比率高于全国 15 个百分点。而省际
流动人口的平均受教育水平也高于全国平均水平。因此,可以说省
际流动人口和全国平均人口相比拥有更高的人力资本。能够准确地
统计出各个省份的流入、流出人口的只有 1995 年、2005 年 1% 的
人口调查数据和 2000 年、2010 年的人口普查数据。这也是本书重
要的数据来源。

"分税制"改革后,中央与地方重新划分事权与财权。中央政
府对财权进行上收,而对事权则进行下放。随之而来的是,中央政
府的"两个比重"得到提高,而地方政府的财政收入占总收入的比
重出现下降,财政支出的比重却不断攀升,导致转移支付占地方财
政预算内收入的比重均在 60% 以上。近年来,地方政府的财政收支
缺口有扩大的趋势。值得注意的是,从 2007 年开始,地方政府的
收入、支出占总收入、总支出的比重同时出现上涨。这间接表明了
我国财政体制进一步的分权。中央政府为了协调区域发展和使得基
本公共服务均等化,转移支付总规模不断增加,但是转移支付占地
方财政预算内收入的比重出现下降。省际流动人口的大规模增长对
地方财政收支带来一系列的影响,下文将对其进行详细分析。

第 4 章

人口流动对地方财政
收支作用机理

4.1 人口流动的财政收入效应

4.1.1 人口流动对地方财政收入作用渠道

根据哈里斯和托达罗（Harris & Todaro, 1970）[①] 的人口流动理论，居民根据预期收入而不是实际收入做出迁移决策。这样一来，劳动力富余、收入低地区的人口会向劳动力短缺、收入高的地区流动。从全国范围来看，人口流动不仅促进了资源优化配置，还对人口流入地和流出地的财政收入产生影响。国内学者关于人口流动增加流入地财政收入的结论基本达成共识。王小鲁、樊纲（2004）[②] 认为劳动力流动提高中西部地区劳动生产率，从而提高

---

① Harris, J., and M. Todaro, Migration, Unemployment and Development: A Two-Sector Analysis, American Economic Review, 1970, 60（1）, 126–142.

② 王小鲁，樊纲. 中国地区差距的变动趋势和影响因素 [J]. 经济研究，2004（1）：33–44.

地区生产总值。侯燕飞和陈仲常（2016）[①] 在巴罗和萨拉马丁（Barro & Sala - I - Martin，1995）[②] 的国际人口迁移模型基础上，得出人口流动促进区域经济增长，使得流入地的财政收入增加。以上研究仅从人口流动影响地区生产总值的角度解读其对财政收入的影响。但这并不能全面的刻画其财政收入效应，因为还存在另一种途径——人口流动通过影响存量资产价格，进而影响地方财政收入（刘金东、冯经纶，2014）[③]。上述两种途径具体作用机理为，一方面，随着流入人口的增多，劳动力供给提高，拉动地区生产总值增长，从而增加地方财政收入。另一方面，人口流动还会影响存量资产价格，从而影响地方财政收入。以房价为例，随着人口流入规模的增大，对住房的需求增加，推动了房价上涨，由于资产性税收规模扩大，进而使地方财政收入增加[④]。

地方财政本级收入包括税收收入和非税收入。其中，国家税收收入占财政总收入的八成以上。因此，本章分析的财政收入界定为税收收入，而忽略非税收入。2016 年 5 月 1 日，"营改增"在全国范围内全面施行后，我国地方税收体系包括 12 个税种，其中 8 个税种（房产税、资源税、城镇土地使用税、城市维护建设税、土地增值税、契税、车船税、耕地占用税）的收入全部归属地方，4 个税种（增值税、企业所得税、个人所得税、印花税）是由中央和地方共享。地方税收收入的主要来源为增值税和所得税。地方税的税基涵盖了 GDP 和存量资产两部分。

按照生产法核算 GDP 总量，就是核算经济社会在一定时期内生产的货物和服务价值，剔除生产过程中投入的中间货物和服务价值，得到增加价值，对应的是货劳税，包括增值税、消费税等。消

---

① 侯燕飞，陈仲常. 中国"人口流动——经济增长收敛谜题"——基于新古典内生经济增长模型的分析与检验 [J]. 中国人口·资源与环境，2016，26（9）：11 - 19.

② Barro R J，Sala - I - Martin X. Capital Mobility in Neoclassical Models of Growth [J]. New Haven Connecticut Yale University Economic Growth Center Mar，1995，85（1）：103 - 115.

③ 刘金东，冯经纶. 中国税收超 GDP 增长的因素分解研究——基于 Divisia 指数分解方法 [J]. 财经研究，2014，40（2）：30 - 40.

④ 因为本书的研究对象界定为地方本级财政预算内收入，因为房价上涨而带来的收入包括：契税、土地增值税、房产税等，并不包括未纳入预算管理的土地出让收入。

费税属于中央政府税收收入，对地方政府而言，税收收入仅包括增值税收入。增值税是对商品生产、流通、劳务服务中多个环节的新增价值或商品的附加价值征收的流转税，最终的税负由消费者负担。根据《全国农民工监测调查报告》显示，2015 年农民工（包括省际流动和省内流动）平均月生活消费支出 1012 元，比 2012 年增加 279 元，增长 38.1%，比收入增长幅度高 4 个百分点①。流动人口在流入地生活、工作，为了维持基本的生活需求，必需购买商品和服务，由此产生最终由个人负担的增值税不可避免。人口流入增加流入地商品和服务的消费量，从而增加流入地的增值税收入。因此，通过分析人口流动对地区生产总值的影响可以间接分析人口流动对地方增值税收入的影响。

按照收入法核算 GDP，就是核算要素收入亦即企业生产成本核算 GDP，对应的是所得税，包括个人所得税和企业所得税。虽然当前我国个人所得税收入占总税收收入的比重不高，但是人口流入对个人所得税的影响最为直观。2015 年，就业流动人口（包括省际流动和省内流动）的月平均工资为 4007 元，超过个人所得税的起征点。其中，东部地区的最高，达到 4158 元，东北地区最低，为 3236 元。分省来看，最高的是上海，达到 5257 元；最低的黑龙江，为 2915 元。就业人口占总流动人口的近九成，这意味着流动人口对流入地个人所得税收入有所贡献。农民工作为流动人口的重要组成部分，处于流动人口收入的底层。《全国农民工监测调查报告》还显示，2015 年农民工的月平均工资为 3072 元，低于 3500 元的个人所得税起征点。但是农民工分行业月均工资表明，建筑业和交通运输、仓储、邮递业的平均工资分别为 3508 元和 3553 元，略高于 3500 元的个人所得税起征点。因为个人所得税直接代扣代缴，不能转嫁，最终的税负由个人负担。从总量上看，人口流入增加纳税人数量，进而增加所得税税收收入。同样，通过分析人口流动对地区生产总值的影响可以间接代替人口流动对地方所得税收入的影响。

---

① 资料来源：http://www.gov.cn/xinwen/2016 – 04 – 28/content_5068727.htm。

我国税收制度中与地方税收有关的除了货劳税、所得税外，还有财产税。财产税的征税对象为存量资产。存量资产为各个部门经过多年累计而成，虽然不能产生 GDP，但是会产生税收。例如，存量房地产交易并不涉及生产活动，无法产生 GDP，却贡献大量税收。商品房作为最典型的存量资产，具有很强的代表性。我国同房地产业有关的税收中，一级市场开发销售的税收主要有按销售额征收的增值税和附加税、契税，按增值额计算的土地增值税，按利润额征收的企业所得税；二级市场转让征收的税收主要有按转让收入全额或差额征收的增值税和附加税、契税，按利润额征收的企业所得税；以持有征收的税收主要有按房产价值或租金征收的房产税，按土地面积征收的土地使用税。衣食住行作为人类生活的基本需求，无论是流动人口还是户籍人口均需满足。人口流入会增加流入地住房需求，无论是购房还是租房；通过良性房地产市场的传导机制，引起房价上涨。这表明人口流动会促进存量资产价格上涨，会带来房产税、土地增值税、契税、城镇土地使用税、城市维护建设税、耕地占用税等税收收入的增加。财产税是美国地方政府最主要的财政收入来源，占地方税收总额的80% 以上。虽然目前我国此种税收所占总税收的比重较小，但长期而言，有增长的趋势。

综上所述，人口流动通过对地区生产总值和存量资产价格两个渠道影响地方财政收入。借鉴已有的研究，下文将从这两个角度详细分析人口流动对地方财政收入的影响。

4.1.2 人口流动对地区生产总值的影响

根据新古典经济增长理论，一个地区的经济增长，主要是由劳动力和资本决定。根据第五次和第六次人口普查的数据显示，流动人口中约七成为劳动适龄人口，其中省际流动人口中劳动适龄人口的比例约占九成。对人口净流出地而言，劳动力的流失，会严重影响本地区的经济增长。显然，财政收入与本地区的经济状况存在正相关的关系。经济状况良好的地区，财政收入也会充裕；经济状况不良的地区，财政收入也会捉襟见肘。我国省际人口净流出的省份多位于中西部经济欠发达的地区，而本级政府的财政收入也低于人口净流入地区。

同样根据前文分析得出，省际流动人口的平均受教育程度高于全国均值。对人口净流出地而言，其失去的是人力资本相对较高的居民。根据内生增长理论，人力资本是经济增长的主要源泉。卢卡斯（Lucas，1988）[1] 认为人力资本作为一种生产要素直接进入生产函数，较多人力资本的工人生产效率更高，从而带来产出较大的增长。较高人力资本居民的流失，对人口净流出地而言不仅是要素损失，还可能影响到投入产出的技术效率水平。

同样的道理，按照上文的分析，对人口净流入地而言，人口的流入会使得本地区的经济快速发展，相应的财政收入会增加。因此，地方政府会采取吸引人口流入的政策。当人口具有流动性时，地区之间将会为了获得优质的税基而展开税收竞争（夏纪军，2004）[2]。而另一方面，人口的大量流入会挤占本地居民的工作岗位。虽然本地政府会出台一系列的政策，保护本地居民的工作岗位，比如利用户籍政策限制出租车市场非本地户籍居民的进入。但钟笑寒（2006）[3] 认为劳动力流动促进了工人的重新配对，进而造成职业上的差别，提高了本地居民的工资，劳动力流动提高了总体的经济效率。随着流动人口的流入，不仅流动人口的收入与不流动时相比提高了，人口流入地居民的收入相比也增长了。

根据第五、六次人口普查的数据得到，接近九成的省际流动人口为劳动适龄人口。这使得人口净流入地的少年儿童抚养比和老年人口抚养比均下降，缓解了人口净流入地的人口压力。因为省际流动人口的平均受教育水平高于全国平均水平，说明其拥有更高的人力资本，其对经济增长的贡献度更高。通过研究流动人口人力资本

---

① Lucas R E. On the Mmechanics of Economic Development [J]. Journal of Monetary Economics，1988，22（1）：3－42.
② 夏纪军. 人口流动性、公共收入与支出——户籍制度变迁动因分析 [J]. 经济研究，2004（10）：56－65.
③ 钟笑寒. 劳动力流动与工资差异 [J]. 中国社会科学，2006（1）：34－46.

对经济增长的贡献度，段平忠（2007）① 得出在包含流入人口人力资本的情况下，东部地区人力资本存量对地区经济增长的贡献度为30.9%，但是在剔除流入人口人力资本的情况下，东部人力资本存量对经济增长的贡献度仅为0.2%。流动人口人力资本对东部地区经济增长的贡献度约占三成。这显示了流动人口的人力资本极大地促进了东部地区的经济增长。

综上所述，人口作为一种资源，通过人口在地区间的自由流动，可以实现资源的优化配置，而这可以促进经济发展。人口流动对经济发展的促进作用主要表现在以下两个方面：首先人口流动能够提高全国的劳动参与率，在既定人口总量下劳动参与率的提高，表明劳动力这一生产要素投入量的增加，从而使生产总值得到提高，我们称之为"要素效应"；其次，通过人口流动，实现劳动力在地区间的优化配置，可以调节地区内劳动力与资本的比例，优化生产要素的边际生产力，提高要素的生产效率，称为"效率效应"。"效率效应"不仅能够提高经济总量，还能促进人均地区生产总值的提高。当前的"供给侧"结构性改革要求转变经济驱动方式，人口流动带来的"效率效应"与"供给侧"结构性改革的要求相契合。

4.1.3　人口流动对存量资产价格的影响

人口流动会带动存量资产价格的上涨，特别是对房价的推动作用。上一节，分析了人口流动与地区生产总值的作用机理。而历年形成的存量资产价值，同样能够产生税收，但是并不产生地区生产总值（刘金东、冯经纶，2014）。存量资产价值产生的税收包括：一是资产持有阶段产生的静态资产税收，如房产税、城镇土地使用税、车船税等财产税，它们属于存量资产，并不产生地区生产总值，但却贡献存量资产税收。二是资产交易阶段产生的动态资产税

① 段平忠. 人力资本流动对地区经济增长差距的影响 [J]. 中国人口：资源与环境，2007, 17 (4)：87-91.

收，如存量住宅的出租、交易会产生契税和个人所得税，但不产生地区生产总值等（胡怡建、刘金东，2013）①。因此，存量资产的一切交易税收都可以看作是和地区生产总值无关的。随着我国居民存量资产的爆发式增长和以房价为首的资产价格飙升，存量资产规模推高持有阶段静态税收，存量资产交易规模推高交易阶段动态税收。逻辑图如图 4 - 1 所示：

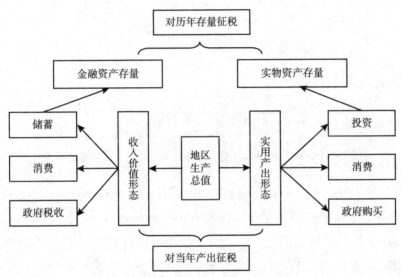

图 4 - 1 地区生产总值和存量资产的税收机理

本章以房价为例，分析人口流动对存量资产价格的带动作用。近年来，"北上广"的房价持续上涨，外来人口的大量涌入是重要原因。住房作为人类生活的基本需求之一，流动人口的大量涌入造成住房需求的上升，无论是租房还是购房。住房需求的上升，必然导致房价的上涨。图 4 - 2 列出了人口净迁移率前八位的地区主要城市 2005 ~ 2014 年商品房销售价格。与同期的全国均值相比，均处于全国均值之上。排名靠前的深圳、北京和上海的均值分别为全

---

① 胡怡建，刘金东. 存量资产、虚拟经济与税收超 GDP 增长之谜 [J]. 财贸经济，2013（5）：5 - 15.

国均值的 3.5 倍、2.8 倍和 2.5 倍。

（元/平方米）

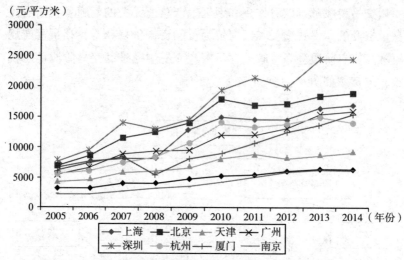

图 4 - 2　2005～2014 年主要人口净流入地城市商品房销售价格

　　关于流动人口与房价的关系，国内外众多学者认为，人口流入推动了流入地的房价上涨。加布里埃尔等（Gabriel et al.，2001，2003）[1],[2] 研究发现大规模的人口流动对房价具有显著的推动作用。Saiz（2003）[3] 通过实证研究美国人口流动对房价的影响，得出人口流动每增长 1%，城市房价上升 1.5%，人口流动同样推动房价的上涨。国内学者的研究中，王春艳、吴老二（2007）[4] 认为人口流动导致流入地住房需求增加，进而推高流入地房价。贾洪文

　　① Gabriel S A, Nothaft F E. Rental Housing Markets, the Incidence and Duration of Vacancy, and the Natural Vacancy Rate [J]. Journal of Urban Economics, 2001, 49 (1): 121 - 149.
　　② Gabriel S A, Mattey J P, Wascher W L. Compensating Differentials and Evolution in the Quality-of-life among U. S. States [J]. Regional Science & Urban Economics, 2003, 33 (5): 619 - 649.
　　③ Saiz A. Room in the Kitchen for the Melting Pot: Immigration and Rental Prices [J]. The Review of Economics and Statistics, 2003, 85 (3): 502 - 521.
　　④ 王春艳，吴老二. 人口迁移、城市圈与房地产价格——基于空间计量学的研究 [J]. 人口与经济, 2007 (4): 65 - 69.

等（2012）[①] 对省级面板数据进行分析，得出人口流入推高了房价，人口流出起相反的作用。陈彦斌、陈小亮（2013）[②] 和陆铭等（2014）[③] 也得出了类似的结论。

在土地资源有限的条件下，人口流入导致流入地产生拥挤效应。人口流入带来的房地产市场繁荣，不仅推高了房价的上涨，还增加了商品房销售面积，使得商品房销售额上涨。目前，我国税制结构中与房地产有关的税收包括：土地增值税、城镇土地使用税、耕地占用税、契税、房产税和相关的企业所得税。税基的增加，必然带来税收收入的增长。尤其在我国地方财政收支不平衡的背景下，地方政府通过发展房地产市场来开拓财源。"分税制"改革带来的财政不平衡直接导致地方政府的税收行为发生变化，土地财政成为政府的普遍偏好（孙秀林、周飞舟，2013）[④]。

人口流出对流出地房价的影响，一方面，地区内人口数量下降会降低住房需求；另一方面，流出人口需要把自己的住房出售或出租出去，增加了住房供给。在两方面的共同作用下，流出地的房价下降，商品房的销售面积下降，导致商品房的销售额下降，与房地产有关的税费收入也会降低，政府财政收入减少。因此，人口流动是影响房价的重要因素。

4.2 人口流动的财政支出效应

关于人口流动与地方政府支出的关系，国内外学者大多从财政支出竞争吸引人口流入的角度进行研究。最早的研究要追溯到

---

① 贾洪文，颜咏华，白媛媛. 人口迁移、金融集聚对房地产价格影响的实证研究——基于省级面板数据模型的分析 [J]. 东北财经大学学报，2012（5）：78－83.
② 陈彦斌，陈小亮. 人口老龄化对中国城镇住房需求的影响 [J]. 经济理论与经济管理，2013，V33（5）：45－58.
③ 陆铭，欧海军，陈斌开. 理性还是泡沫：对城市化、移民和房价的经验研究 [J]. 世界经济，2014（1）：30－54.
④ 孙秀林，周飞舟. 土地财政与分税制：一个实证解释 [J]. 中国社会科学，2013（4）：40－59.

Tiebout（1956）①，他提出地方政府具有信息优势，能够根据不同居民供给不同的公共品来满足他们的偏好。居民根据地区间的支出－收益组合来决定居住地，地区公共品的数量和结构会影响人口流动的模式。如果居民能够在地区间自由流动，可以在社区间"用脚投票"，实现公共品的有效供给。奥茨（1969）② 较早地研究了地方政府通过财政手段吸引人口的流入。他通过考察新泽西州53个镇的财产税和公共支出对地方财产价值关系，研究发现：地方财产价值与实际税率呈负相关，而与公立学校的人均教育经费显著正相关。戴（1992）③ 在考察了加拿大省际流动人口流动时发现各省的公共支出差异在居民迁移行为中的作用显著。之后，国外学者对于该研究已经深入到微观领域。鲍尔罗（2002）④ 在研究华盛顿特区的案例时，发现该地区的公共品供给水平（如公立学校教学质量）对当地家庭的居住地选择起相当重要的作用。布科维茨基（Bucovetsky，2005）⑤ 运用博弈论对这一问题进行了更加深入的研究，得出公共基础设施投资不仅能够吸引要素的流入，还能够带来规模经济，但是之前地方政府之间存在的非合作竞争的纳什均衡将不再成立。

而国外学者关于移民的财政效应为我们研究关于人口流动与财政支出的关系提供了一个新的角度。史密斯和埃德蒙斯顿（Smith & Edmonston，1998）⑥ 综合分析了各级政府、各种税收、各项福利项目来研究移民的净财政负担。研究发现，1996年的美国移民给美

① Tiebout C M. A Pure Theory of Local Expenditures [J]. Journal of Political Economy, 1956, 64 (5): 416 – 424.
② Oates W E. The Effects of Property Taxes and Local Public Spending on Property Values: An Empirical Study of Tax Capitalization and the Tiebout Hypothesis [J]. The Journal of Political Economy, 1969, 77 (6). 957 – 971.
③ Day K M. Interprovincial Migration and Local Public Goods. [J]. Canadian Journal of Economics, 1992, 25 (1): 123 – 144.
④ Borrow, L. School Choice through Relocation: Evidence from the Washington, D. C. Area. [J]. Journal of Public Economics, 2002, 86 (1): 155 – 189.
⑤ Bucovetsky S. Public Input Competition [J]. Journal of Public Economics, 2005, 89 (9 – 10): 1763 – 1787.
⑥ Smith J P, Edmonston B. The new Americans: Economic Demographic and Fiscal Effects of Immigration. [J]. International Migration Review, 1998, 31 (4): 93 – 98.

国政府带来了人均 200 美元的财政负担。汉梅勒和希斯科克斯
（Hanmeneller & Hiscox，2010）[①] 认为劳动力市场的竞争和公共负
担的加重是反对移民的主要原因。

本节的逻辑起点为人口流动，研究人口流动对地方财政支出的
影响，而不是上文中的地方支出竞争吸引人口流入。与本书逻辑起
点相同的文献十分的稀少。江依妮（2013）[②] 以广东省为例研究外
来人口聚集地区的公共服务支出。结果表明，非本地户籍常住人口
的增加，会降低当地教育、社会保障这些以户籍作为甄别依据的公
共服务支出水平。段哲哲、黄伟任（2015）[③] 研究流动人口对地方
财政中教育支出的影响。王金营、李庄园（2016）[④] 研究流动人口
对快速成长城市财政支出的影响。目前，把人口流动作为解释变量
来研究地方政府支出行为的研究比较匮乏。

财政支出对应着地方政府供给的公共品。根据公共品的功能进
行分类，基恩和马钱德（Keen & Marchand，1997）[⑤] 分为消费型公
共品和生产型公共品。前者包括文化、教育、医疗卫生、社会保障
等公共服务，直接进入居民的效用函数；后者最典型的是道路、桥
梁等基础设施，直接进入生产函数，增加私人资本的边际产出
（Aschauer，1989）[⑥]。国内学者对地方性公共品的分类基本沿用这
一分类方法。丁菊红、邓可斌（2008）[⑦] 则采用了"软"公共品和
"硬"公共品的命名方式进行区分，将政府提供所有有形的准公共

① Hainmueller J，Hiscox M J. Attitudes toward Highly Skilled and Low-skilled Immigration：Evidence from a Survey Experiment ［J］. American Political Science Review，2010，104 (3)：61 - 84.

② 江依妮. 外来人口聚集地区公共服务支出研究——以广东省为例 ［J］. 人口与经济，2013（5）：56 - 62.

③ 段哲哲，黄伟任. 流动人口对地方政府基础教育公共财政支出的影响研究——基于 2010～2014 年福建省 58 个县市数据分析 ［J］. 教育学术月刊，2016（6）：46 - 52.

④ 王金营，李庄园. 快速成长城市流动人口对财政支出规模影响研究——以宁波市为例 ［J］. 财政研究，2015（12）：82 - 89.

⑤ Keen M，Marchand M. Fiscal Competition and the Pattern of Public Spending ［J］. Journal of Public Economics，1997，66（1）：33 - 53.

⑥ Aschauer D A. Is Public Expenditure Productive? ［J］. Journal of Monetary Economics，1989，23（2）：177 - 200.

⑦ 丁菊红，邓可斌. 政府偏好、公共品供给与转型中的财政分权 ［J］. 经济研究，2008（7）：78 - 89.

品界定为"硬"公共品，无形的准公共品如医疗、教育等界定为"软"公共品；傅勇（2010）① 分为经济性公共品与非经济性公共品。本书在此基础之上，把地方政府供给的公共品分为：一种是为了满足政府日常运转而供给的公共品，如一般公共服务和公共安全，我们定义为维持型公共品；另外两种按照基恩和马钱德（1997）的划分标准，分为消费型公共品和生产型公共品。按照最新的财政支出口径划分，主要支出分类见表4-1。

表4-1　　　　　　　　　　地方财政支出分类

维持型	消费型	生产型
一般公共服务支出、公共安全支出、城乡社区事务支出	教育支出、科学技术支出、文化体育与传媒支出、社会保障和就业支出、医疗卫生支出、环境保护支出	农林水事务支出、交通运输支出、粮油物资储备事务支出、资源勘探电力信息等事务支出

注：仅选取支出规模在百亿以上的支出类型。

4.2.1　人口流动对流入地财政支出的影响

人口流动对地方财政支出的影响因素分为制度因素和人口流动因素，如图4-3所示。制度因素包括基本公共服务均等化制度的不断深化和流动人口"市民化"政策的推行。基本公共服务是指根据一国经济社会发展阶段和总体水平，全体公民不论种族、收入和地位差距如何，都应公平享有的公共服务（陈昌盛、蔡跃洲，2007）②。基本公共服务均等化要求流动人口与户籍人口能够均等的享受基本公共服务，和以前相比，这就增加了流入地政府的财政负担。近年来，我国省际间基本公共服务均等化程度有所改善（朱洁

① 傅勇. 财政分权、政府治理与非经济性公共物品供给 [J]. 经济研究，2010（8）：4-15.
② 陈昌盛，蔡跃洲. 中国政府公共服务：基本价值取向与综合绩效评估 [J]. 财政研究，2007（6）：20-24.

等，2015）①。这意味着地方政府增加财政支出取得了良好的效果。流动人口"市民化"政策可以看作是一种更高标准的基本公共服务均等化，流动人口与户籍人口均等的享受更高标准的公共服务，同样的需要人口流入地政府增加财政支出。根据《中国流动人口发展报告2015》所述，流动人口的融合度与其受教育程度正相关，而1980年之后出生的新生代农民工与老一代农民工相比，高中及以上学历高19.2%②。流动人口受教育程度的提高，将会促进其融入流入地，从而增加流入地的财政支出。

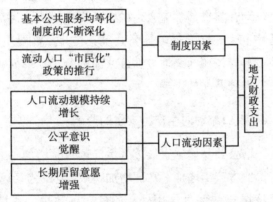

图4-3 人口流动对地方财政支出作用机理

人口流动因素包括：人口流动规模持续增长、流动人口公平意识的觉醒和长期居留意愿增强。第五次人口普查中，省际流动人口约为4242万，而第六次人口普查统计的省际流动人口约为8588万。十年间，增长了一倍多。持续增长的省际流动人口数量需要大量的地方财政支出满足其公共需求。因为，对流入地而言，人口数量增多不可避免地增加公共交通、基础设施、社会治安综合治理等公共服务。而且，随着社会不断进步以及基本公共服务均等化意识

① 朱洁，李齐云，孔德馨. 我国省际基本公共服务均等化程度评价研究 [J]. 东岳论丛，2015，36（7）：112-117.
② 数据来源：http：//www. stats. gov. cn/tjsj/zxfb/201405/t20140512_551585. html.

的普及，流动人口的公平意识逐渐觉醒。这表现在一是积极行使可均等化享受公共服务的权利；二是努力争取更高标准的公共服务水平。这两方面的实现，均需要流入地政府增加财政支出。张建武（2009）[①] 对北京、天津、上海和广州的流动人口调查发现，流动人口中北京的25%，天津的27%，上海的12%和广州的36%愿意长期居住在流入地。张华初等（2015）[②] 对广州市的流动人口进行调查显示，57%的流动人口愿意长期居住在广州。流动人口长期居住在流入地就有更大的可能性让老人和儿童从家乡迁移出来。我国当前省际流动人口绝大多数为劳动适龄人口，如果能够包括老人和儿童的举家流动，将会增加流入地的财政支出压力。因为，老人需要更多的医疗卫生、社会保障等公共服务；儿童需要更多的教育、文化等公共服务。按照前文地方性公共品的分类，下面将详细分析人口流动对三类公共品的影响。

4.2.1.1 人口流动对生产型支出的影响

因为生产型公共品能够直接进入生产函数，增加私人资本的边际收益，使得地方产出增加，从而增加财政收入。生产型公共品除了对地区经济增长的促进作用外，还具有见效快、容易控制等特点。地方官员通过增加生产型公共品的支出能够在任期内提高经济增长率，在过分看重 GDP 增长率的官员考核模式下，地方政府偏好增加生产型支出。傅勇、张晏（2007）[③] 研究地方竞争与公共品供给结构时，认为地方政府供给公共品有"重基本建设，轻人力资本和公共服务"的偏好。平新乔（2006）[④]、张军等（2007）[⑤] 以及

---

① 张建武. 迁移劳动力留城与返乡意愿影响实证分析——基于京、津、沪、穗的调查 [C].

② 张华初，罗光容，刘胜蓝. 农业转移人口市民化公共成本测算——以广州市为例 [J]. 城市问题，2015 (6)：7 – 13.

③ 傅勇，张晏. 中国式分权与财政支出结构偏向：为增长而竞争的代价 [J]. 管理世界，2007 (3)：6 – 6.

④ 平新乔，白洁. 中国财政分权与地方公共品的供给 [J]. 财贸经济，2006 (2)：49 – 55.

⑤ 张军，高远，傅勇，等. 中国为什么拥有了良好的基础设施？ [J]. 经济研究，2007 (3)：4 – 19.

丁菊红（2008）均得出了一致的结论。当提高民众的民主参与度时，民众的民主参与可以削弱因基础建设扩张导致的公共支出结构扭曲（赵永亮、杨子晖，2012）。

当前地方公共品供给存在严重的拥挤问题（王德祥和李建军，2008[①]；刘小鲁，2008[②]），而且越是在低层级地区，地方公共品的拥挤效应越大。生产型公共品的拥挤性最具代表性。拥挤性与公共品的非竞争性相违背。非竞争性为每一位居民对公共品的消费不影响其他居民对其消费，包括质量和数量两个方面。具有拥挤性的生产型公共品实际为准公共品。随着外来人口的大量流入，原来本地居民[③]消费此类型公共品受到影响。流动人口存在挤占原来本地居民消费准公共品的情形，降低了本地居民的福利水平，加剧了本地居民对流动人口的歧视。最典型的生产型公共品为道路，随着外来人口数量的增多，道路越来越拥挤。交通拥堵已经成为大城市的通病。为了缓解这一问题，流入地政府采取大力发展公共交通和新修道路等措施。这就需要流入地政府增加交通基础设施投入。而且公共交通中的公交车、地铁等均具有政府补贴的性质，随着乘客数量的增多，政府补贴的数额也随之增加。

4.2.1.2 人口流动对消费型支出的影响

在地方政府供给的三种公共品中，消费型公共品与居民的效用关系最为密切。消费型公共品的范畴与民生息息相关。近年来，财政职能逐渐由"建设财政"向"民生财政"转变（张馨，2009）[④]。安体富（2008）[⑤]认为在整个财政支出中，用于教育、医疗卫生、社会保障和就业等民生方面的支出占到相当高的比例，甚至处于主

---

① 王德祥，李建军. 人口规模、"省直管县"对地方公共品供给的影响——来自湖北省市、县两级数据的经验证据［J］. 统计研究，2008，25（12）：15-21.
② 刘小鲁. 区域性公共品的最优供给：应用中国省际面板数据的分析［J］. 世界经济，2008（4）：86-95.
③ 此处不仅包括本地户籍居民，还包括之前在本地区居住的非本地户籍居民。
④ 张馨. 论民生财政［J］. 财政研究，2009（1）：7-10.
⑤ 安体富. 民生财政：我国财政支出结构调整的历史性转折［J］. 地方财政研究，2008（5）：4-8.

导地位。通过第 3 章的现状分析，我们也能得出类似的结论。政府的消费型支出增长的背后是居民对此类支出的需求不断增长。随着生活水平的提高，居民对文化、教育、医疗等公共服务的需求也会随之增长。根据马斯洛的需求层次理论①，当食物、水、睡眠等基本生理需求满足之后，会追求更高层次的健康保障等安全需求。随着人口的流入，辖区内居民对文化、教育、医疗等公共服务的需求必然随之增加，对应的政府支出也会增加。

但是，消费型公共品具有很强的"属人"性质，地方政府可以依靠户籍制度甄别公共品的消费者。户籍制度是一项与资源配置和利益分配密切相关的制度，在当下中国现实中，户籍制度除了执行登记和管理人口的职能外，还与居民能够享受到的福利密切相关（王美艳、蔡昉，2008②；陆益龙，2008③）。因此，户籍制度成为地方政府公共服务供给中依据自身财政利益选择或者甄别流动人口的有力工具（夏纪军，2004）④。由于户籍制度的限制，非本地户籍人口与本地户籍人口不能均等的消费全部公共品，如教育、医疗等部分消费型公共品。如果把流动人口全部转化为户籍人口，地方政府为了满足辖区内居民的公共需求而供给公共品的支出将会增加。例如，流动人口中的少年儿童并不能与户籍少年儿童均等的享有受教育权。因为户籍的限制，他们只能进入数量有限的指定学校接受教育。无论是教学硬件还是软件均处于平均水平以下（胡枫、李善同，2009）⑤。教育资源的匮乏是流动人口中的家长选择把孩子留在家乡的重要原因（殷世东、朱明山，2006）⑥。

---

① 马斯洛需求层次理论将人类需求像阶梯一样从低到高按层次分为五种，分别是：生理需求、安全需求、社交需求、尊重需求和自我实现需求。
② 王美艳，蔡昉. 户籍制度改革的历程与展望 [J]. 广东社会科学，2008（6）：19-26.
③ 陆益龙. 户口还起作用吗——户籍制度与社会分层和流动 [J]. 中国社会科学，2008（2）：149-162.
④ 夏纪军. 人口流动性、公共收入与支出——户籍制度变迁动因分析 [J]. 经济研究，2004（10）：56-65.
⑤ 胡枫，李善同. 父母外出务工对农村留守儿童教育的影响——基于5城市农民工调查的实证分析 [J]. 管理世界，2009，（020）（2）：67-74.
⑥ 殷世东，朱明山. 农村留守儿童教育社会支持体系的构建——基于皖北农村留守儿童教育问题的调查与思考 [J]. 中国教育学刊，2006（2）：14-16.

已有关于人口流动与消费型支出的研究，普遍认为人口流动并未引起消费型支出的增长。张丽等（2011）① 指出，地方政府的文教卫支出和社会保障支出对人口流入的影响要大于其基本建设支出对人口流入的影响。伍文中（2011）② 研究表明东部地区的社会服务性支出不会因为人口的流入而增长。而江依妮（2013）得出的结论是随着人口的增加，消费型支出并未增长。

4.2.1.3 人口流动对维持型支出的影响

维持型公共品是指为了维持政府的正常运转，保障辖区内居民正常生活，而供给的公共品。如果不仅考察地方政府，把中央政府也纳入考查范围，维持型公共品不仅只包括一般公共服务和公共安全，还应包括国防、外交等。具体到本书研究的地方政府行为，则国防和外交不予考虑。因为两者基本均由中央政府提供，地方政府对其支出很少。

在政府规模一定时，当人口数量在政府有效管辖的范围内时，额外增加一单位人口，边际成本为零；当超出有效管辖的范围时，额外增加一单位人口，边际成本大于零。随着人口的流入，地方政府管辖的居民数量增多，超过政府一定规模下能够有效管辖的范围时，势必会增加维持型公共品的支出。在这种情况下，可以简单地认为，维持型支出与人口规模成正比。以公共安全为例，人口数量的增加，假定平均犯罪率不变，流入地的犯罪案件数量上升，所需要的警察就会增多。陈刚（2009）③ 得出人口流动性提高 1%，犯罪率约上升 3.6%，省际流动人口是流动人口推动犯罪率上升的最主要因素。所以，随着流动人口数量的增多，特别是省际流动人口规模的不断增长，地方政府的公共安全支出也会增多。

---

① 张丽，吕康银，王文静．地方财政支出对中国省际人口迁移影响的实证研究 [J]．税务与经济，2011（4）：13–19．

② 伍文中．政府间财政支出竞争的人口流动效应分析 [J]．统计与决策，2011（2）：132–134．

③ 陈刚，李树，陈屹立．人口流动对犯罪率的影响研究 [J]．中国人口科学，2009（4）：52–61．

另外，政府规模不断扩大。按范子英、张军（2010）①衡量政府规模的方法为财政支出/地区生产总值，计算我国 2005～2014 年的政府规模指数，如图 4 - 4 所示。

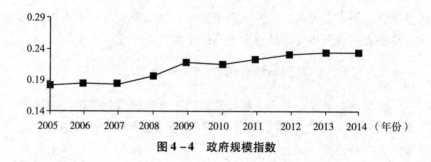

图 4 - 4　政府规模指数

我国政府规模呈不断扩大的趋势。不断扩大的政府规模能够有效管理的居民数量也呈上升的趋势。

4.2.2　人口流动对流出地财政支出的影响

对人口流出地而言，由于人口流出使得维持型支出下降的幅度有限。因为这一类地方性公共品带有非竞争性、非排他性的特征，供给成本并不会因为使用者数量的降低而下降。极端的情况是，辖区内居民全部迁移到别的地区居住，但是本地区为了维持政府的运转还需要一定的财政支出。

与前者不同的是，消费型公共品则具有竞争性。如养老保险，其边际成本不为零，每个消费者的消费也会影响其他消费者的消费数量和质量。因为这一类地方性公共品的边际成本不为零，人口流出对本地政府而言供给成本下降。但是，现实中地方政府很难通过测算流动人口数量来调整公共品的供给量，大多按居民人数决定公共品的供给数量，造成供给效率下降。

---

① 范子英，张军. 粘纸效应：对地方政府规模膨胀的一种解释 [J]. 中国工业经济，2010（12）：5 - 15.

对于人口流出地而言，因为大量受教育程度高的本地区居民迁移到别的省市，而别的地区并不会对其进行补偿，本地方政府就缺乏向教育等人力资本投资的激励。人口流出地对人口流入地存在正的财政外部性。省际流动人口年龄构成中，主要为 15～64 的劳动适龄人口，而留在本地的多为老人和儿童。这使得人口净流出地的少年儿童抚养比和老年人口抚养比上升。近几年，备受关注的"留守儿童"和"空巢老人"问题，需要本地方政府在供给公共品时，有更多的倾斜，无形中增加了地方政府的财政支出。

4.3　小结

本章从理论上分析人口流动对地方财政收入和支出的影响。首先，通过考察人口流动对地方税收的直接影响来直观分析人口流动对地方财政收入的影响。地区生产总值和存量资产价格能够全面涵盖征税对象，人口流动通过拉动地区生产总值增长和带动存量资产价格上涨两种途径增加地方财政收入。接着，本书把人口流动对地方财政支出的影响因素分为制度因素和人口流动因素，制度因素包括：基本公共服务均等化制度的不断深化和流动人口"市民化"政策的推行；人口流动因素包括：人口流动规模持续增长、流动人口公平意识的觉醒和长期居留意愿增强。并把财政支出分为三种类型：生产型、消费型和维持型，分析人口流动对三类财政支出的影响。第 5 章将在理论分析的基础上，实证分析人口流动对地方财政收支的影响。

人口流动对地方财政收支
影响的实证分析

5.1　人口流动对地区生产总值影响的实证分析

5.1.1　生产函数的构建

随机生产边界分析方法最早由艾格纳等（Aigner et. al.，1977）[①]、米尤森和布罗克（Meeusen & Broeck，1977）[②] 提出，随着研究的深入逐渐成为计量经济学中衡量生产效率的重要工具之一。模型基本形式为：

$$y_{it} = f(X_{it}, \beta) \exp(v_{it} - u_{it}) \tag{5-1}$$

其中，i 表示各省（自治区、直辖市），由于部分数据缺失，本

[①]　Aigner D, Lovell C A K, Schmidt P. Formulation and Estimation of Stochastic Frontier Production Function Models [J]. Journal of Econometrics, 1977, 6 (1): 21 – 37.

[②]　Meeusen W, Broeck J V D. Efficiency Estimation from Cobb – Douglas Production Functions with Composed Error [J]. International Economic Review, 1977, 18 (18): 435 – 444.

书的研究剔除了西藏、海南，并将重庆并入四川处理，共计 28 个省级单位。y_{it} 表示生产者 i 在 t 时期的产出，在本书中用来表示各省（直辖市、自治区）的地区生产总值，选取数据时利用商品零售价格指数以 1952 年不变价格进行了平减。投入要素有资本 K、劳动力 L 和人力资本 E，其中劳动力投入 L 利用全国劳动就业人口总量来表示；人力资本投入 E 以各地区人均受教育年限表示；资本存量 K 则利用"永续盘存法"计算得出：

$$K_{it} = K_{it-1}(1 - \delta_{it}) + I_{it} \qquad (5-2)$$

参考张军等（2004）[①] 的研究，I_{it} 用 i 地区在第 t 年的固定资本形成总额表示，经济折旧率 δ_{it} 取为 0.096。

上述生产函数随机扰动项为复合扰动项，由 v_{it} 和 u_{it} 两个独立部分组成。其中，v_{it} 是经典白噪声，表示统计噪音误差和除 X_{it} 外生产者不能控制的其他随机因素；u_{it} 为非负随机误差项，表示生产技术非效率项，即技术效率 $TE_{it} = \exp(-u_{it})$。如果 $u_{it} = 0$，则 $TE_{it} = 1$，表示生产个体处于完全技术效率状态；如果 $u_{it} > 0$，则 $0 < TE_{it} < 1$，表示生产个体处于生产前沿下方，存在生产非效率成分。

在实际估计过程中，上述变量均使用对数形式，假定生产函数符合经典的柯布 – 道格拉斯（Cobb – Douglas）生产函数形式，即有：

$$\ln y_{it} = \beta_0 + \beta_1 \ln K_{it} + \beta_2 \ln L_{it} + \beta_3 \ln E_{it} + (v_{it} - u_{it}) \qquad (5-3)$$

5.1.2 技术效率函数的构建

对 u_{it} 的形式，在实际应用中最常见的是巴特斯和科埃利（Battese & Coelli, 1992）[②] 和 Battese & Coelli（1995）[③] 提出的经典模

---

① 张军，吴桂英，张吉鹏. 中国省际物质资本存量估算：1952～2000 [J]. 经济研究，2004（10）：35–44.

② Battese G E, Coelli T J. Frontier Production Functions, Technical Efficiency and Panel Data: With Application to Paddy Farmers in India [J]. Journal of Productivity Analysis, 1992, 3（1）：153–169.

③ Battese G E, Coelli T J. A Model for Technical Inefficiency Effects in a Stochastic Frontier Production Function for Panel Data [J]. Empirical Economics, 1995, 20（2）：325–332.

型。前者假设 u_{it} 具有指数线性增长率，此假设可能无法有效捕捉技术效率的时间效应。因此，本书采用巴特斯和科埃利（1995）提出的一步法模型，并对技术效率函数设置如下：

$$u_{it} = \delta_0 + \delta_1 Sr + \delta_2 OPENTRA + \delta_3 GDPG + \delta_4 LRGDP + \delta_5 INVESTR + \varepsilon_{it}$$

$$(5-4)$$

其中 Sr 为净迁移率，OPENTRA 为对外开放程度，GDPG 为地区生产总值增长率，LRGDP 为地区人均生产总值的对数值，INVESTR 为投资率，ε_{it} 表示随机误差项。

5.1.3　数据来源及说明

分地区生产总值、固定资本形成总额来自各年的《中国统计年鉴》，分地区生产总值按照《中国统计年鉴》中提供的历年可比价格增长率进行平减，固定资本形成总额按照《中国统计年鉴》中的历年固定资产投资价格指数进行平减。分地区就业人员数量来源于各年的《中国劳动统计年鉴》，分地区就业人员平均受教育程度则利用《中国劳动统计年鉴》中提供的历年就业人员受教育程度构成数据计算而得。省际人口净迁移率根据 1995 年、2005 年人口抽样调查数据和 2000 年、2010 年人口普查数据提供的流动人口数据扣除省内流动人口计算而得。对外开放程度采用对外进出口贸易总额与地区生产总值的比值，数据来自《中国统计年鉴》。投资率采用固定资产形成总额与地区生产总值的比值，数据来自《中国统计年鉴》。

5.1.4　模型回归结果

运用 FRONTIER 4.1 软件，估计结果如表 5-1 所示：

表 5 – 1   随机生产边界模型估计结果

生产函数			技术效率函数		
系数	变量	估计值	系数	变量	估计值
β_0	常数项	– 6. 267 ***	δ_0	常数项	1. 020 ***
β_1	lnK	0. 451 ***	δ_1	Sr	0. 195 **
β_2	lnL	0. 597 ***	δ_2	OPENTRA	0. 047 **
β_3	lnE	2. 314 ***	δ_3	GDPG	– 2. 560
LR	似然比	290. 28	δ_4	LRGDP	0. 015 ***
γ	方差比	0. 163 **	δ_5	INVESTR	– 0. 015

注: *** 、 ** 分别表示在 1% 、5% 水平下显著。

本随机生产边界模型估计得出的 γ 统计量为 $\gamma = \sigma_u^2 / (\sigma_u^2 + \sigma_v^2) = 0.163$，表示实际产出与最优产出缺口有 16.3% 来源于技术无效率，因此，引入技术非效率项和随机误差项均是极其必要的。

生产函数的回归结果显示，资本、劳动力和人力资本均对地区生产总值具有显著的正效应。其中，人力资本的效应最大，从上表中得出，人力资本每提高 1% ，地区生产总值增长 2. 314% ；劳动力每提高 1% ，地区生产总值增长 0. 597% ；资本对地区生产总值的正效应最小，为 0. 451。

技术效率函数的回归结果显示，本书的核心解释变量净迁移率对技术效率水平的影响为正，且在 5% 的水平上显著。对外开放程度每提高 1 单位，导致技术效率水平提高 0. 047 个单位。而地区人均生产总值对技术效率水平同样具有显著的正向效应，只不过影响系数为三者中最小的。地区生产总值的增长率对技术效率水平无显著的影响。

5.1.5 回归结果的经济意义

经济增长理论中把资本、劳动力和人力资本作为生产要素纳入生产函数中，而对于省际流动人口，具有劳动力和人力资本两种生产要素的性质。本书把流动人口通过生产要素的性质拉动地区生产总值的效应称为"要素效应"。因为生产函数设定为柯布－道格拉斯函数的形式，而通过回归分析得到 $\beta_1 + \beta_2 + \beta_3 > 1$，符合规模报酬递增的条件。随着人口流入，地区内劳动力的供给会增加，在规模报酬递增的条件下，使得地区生产总值以更大的比例增加。根据全国第六次人口普查的数据，省际流动人口中劳动适龄人口的比重为90%，比全国平均水平高近15个百分点。同等数量的省际流动人口能够供给的劳动力大于全国平均水平。结合上一节的回归结果，劳动力对地区生产总值具有显著的正效应，与全国平均水平相比，省际流动人口对地区生产总值的贡献度更大。同样根据第3章的分析，省际流动人口拥有更高的受教育程度。结合本章的变量设置，意味着拥有更高的人力资本。同样的，省际流动人口与全国平均水平相比，对地区生产总值的贡献度更大。现有文献中，只有刘德军（2015）[①] 预测2015年省际流动人口和省内流动人口分别对山东省财政收入的贡献为129亿元和616亿元，并得出随着时间的推移，二者占财政收入的比重不断增加。以上综合说明，省际流动人口能够显著促进流入地生产总值的增长，从而增加流入地财政收入。

由于资本的流动性远远大于人口的流动性，地方政府往往会对资本展开竞争，采用的措施通常为税收、土地等优惠政策。各地方政府在制定政策时往往忽视了人口流动的正面作用，常常放大人口流动的负面作用，不是鼓励人口的流入，而是限制人口的流入。上一节的回归结果表明，人口的经济增长效应大于资本的增长效应。地方政府应当制定相应政策以吸引人口的流入。

人口净迁移率的提高不仅从增加生产要素的角度促进地区生产总值的增长，还通过提高技术效率水平的途径拉动地区生产总值的增长，这被称为"效率效应"。人口流动的"效率效应"分为，一是人口在地区间的流动促进了资源的优化配置，可以调节劳动力与资本的比例，优化生产要素的边际生产力，提高要素的生产效率；二是人口流动一般是由生产率低的地区流向生产率高的地区

---

① 刘德军. 人口变化对财政收入的影响——以山东为例 [J]. 公共财政研究，2015（3）.

（Boadway & Tremblay，2010）[①]，人口流动的本身就意味着效率的提高。在这两方面的作用下，人口流动对技术效率水平的正向效应非常显著，其系数值远大于对外开放度和地区人均生产总值的系数值。"供给侧"结构性改革要求转变经济增长方式，由"要素驱动"转变为"效率驱动"。本书的结论为，提高人口净迁移率，能够提升技术效率水平，这与"效率驱动"相契合。因此，促进人口在地区间的合理流动，符合当前"供给侧"结构性改革的要求。

当前我国提高技术效率水平的主要方式主要依靠学习和模仿，并不仅依靠创新来提高。对外开放度的提高，意味着有更多的机会引进和学习先进的技术，从而提高本地区的技术效率水平。因此，对外开放度对技术效率水平具有显著的正向影响。

余官胜（2013）[②] 以地区人均生产总值作为衡量综合吸收技术能力的代理变量，得到随着地区人均生产总值的提高，吸收先进技术水平的能力不断增长。这与本书的结论相同，地区人均生产总值与技术效率水平存在正相关。地区人均生产总值常常用来衡量地区的发展水平，其值越高表示该地区越发达。2014 年，美国人均 GDP 约为我国人均 GDP 的 8 倍。美国的技术效率水平也遥遥领先于我国。提高地区人均生产总值，能够显著地促进技术效率水平的提升。

5.2　人口流动对存量资产价格影响的实证分析：以房价为例

5.2.1　变量选取

人口流动速度（POP）作为最关键的解释变量。一定时间内，

---

① Boadway R，Tremblay J F. Mobility and Fiscal Imbalance ［J］. National Tax Journal，2010，63（4，Part 2）：1023－1054.

② 余官胜. 对外直接投资、地区吸收能力与国内技术创新 ［J］. 当代财经，2013（9）：100－108.

人口增加包括本地人口的自然增长和外来人口的流入，本书考察流动人口对房价的影响，必须剔除本地人口的自然增长对房价的影响。因为 1995 年和 2000 年的分省份商品房销售价格数据缺失，因此不能采用直接的省际流动人口数据进行估计，需参照孙炎林、张攀红（2015）和白极星等（2016）对人口流动速度的估算方法进行计算。具体计算公式为：

$$人口流动速度 = \frac{年末人口数 - 上年末人口数 - 上年末人口数 \times 人口自然增长率}{年末人口数}$$

通过上式计算出人口流动速度作为人口流动的代理变量。

商品房价格增长率的一阶滞后项（$PRICEGROWTH\_H_{it-1}$）通过影响需求者的预期影响商品房价格。根据梁云芳、高铁梅（2006）[1] 的研究，购房者的预期受商品房的上期价格影响，当商品房价格上涨时，潜在购房者预期房价上涨的概率增大，因此有更大的可能性购买商品房。而商品房的上期价格还会影响投机需求，综合上述两方面因素商品房上期价格成为本期商品房价格的重要影响因素，即商品房价格存在积累效应（余华义，2010）[2]。

人均财政支出（PEREXPENDITURE）通过资本化的途径影响房价。地方政府通过增加财政支出，提高辖区内公共服务水平，必然会吸引其他辖区居民的流入，从而增加对本辖区空间的需求。因为本辖区的空间是有限的，空间需求增加，会提高其稀缺性，如果存在一个完善的房地产市场，资源的稀缺性通过房价的上涨体现出来，即公共品的资本化（宋琪，2016）[3]。

地价增长率（PRICEGROWTH_LAND）同样会影响房价。地价作为商品房成本的重要组成部分，地价的快速上涨，必然引起房价的上涨。因此，也加入了地价增长率作为控制变量，地价指标由各地区土地购置金额除以土地购置面积得来。

---

① 梁云芳，高铁梅. 我国商品住宅销售价格波动成因的实证分析 [J]. 管理世界，2006（8）：76 - 82.
② 余华义. 经济基本面还是房地产政策在影响中国的房价 [J]. 财贸经济，2010（3）：116 - 122.
③ 宋琪. 资本化视角下地方公共品供给的财政激励研究 [D]. 山东大学，2016.

5.2.2 数据来源与统计特征

本书采用 2003～2013 年，全国 31 个省（直辖市、自治区）的面板数据进行实证分析。分地区生产总值、分地区生产总值增长率来自各年的《中国统计年鉴》，分地区生产总值按照《中国统计年鉴》中提供的历年可比价格增长率进行平减。分地区人均财政支出来自各年的《中国财政年鉴》。地购置金额和土地购置面积来自历年《中国国土资源年鉴》。变量的统计特征如表 5-2 所示：

表 5-2 变量统计特征

变量表示	样本	平均值	标准差	最大值	最小值
PRICEGROWTH_H	279	0.0218	0.0522	0.2834	-0.0641
POP	310	-0.0461	0.0319	0.0376	-0.1445
LRGDP	310	2.9579	2.3003	10.8307	0.0802
GDPG	310	0.1251	0.0229	0.2383	0.0540
PEREXPENDITURE	310	0.7135	1.0059	6.6494	0.0442
PRICEGROWTH_LAND	277	0.1303	0.5210	0.9979	-3.2183

房价增长率的均值为 0.0218，说明整体而言，房价是不断上涨的。值得注意的是，房价增长率最小值为天津市在 2012 年取得，这是因为 2011 年天津市的土地购置金额达到峰值，表明政府增加了土地供给，加上商品房的建设周期，2012 年的商品房供给量必然上升，导致 2012 年天津市房价出现窄幅下跌。人口流动速度的最大值为上海市 2004 年数据。大多数时间内，人口净流入地的人口流动速度大于零。人均地区生产总值和人均财政支出的最大值与最小值之间的差距非常大，这也客观反映了我国地区间经济发展水平和公共服务水平的巨大差距。经济增长率均值为 0.1251 说明我国在 2003～2013 年经历了经济的高速增长。地价增长率最小值为天津市 2011 年的数据，这也表明，经过 2011 年政府大规模出让土地

后，土地的需求下降。

5.2.3　模型的构建

我们以商品房价格增长率（PRICEGROWTH_H）为被解释变量，以人口流动速度为关键的解释变量。控制变量有商品房价格增长率的一阶滞后项、人均地区生产总值、地区生产总值增长率、人均财政支出和地价增长率。

考虑到人口流动速度与商品房价格增长率之间的因果内生性，如被解释变量同样也是解释变量的影响因素。另外，方程中包括被解释变量的一阶滞后项，模型的内生问题不可避免。这种内生情形下，普通 OLS 回归结果将变得不再可信。因此，对方程（5-5）的估计最好使用工具变量法。工具变量法的关键在于选择合适的工具变量。Arellano & Bond（1991）[①] 首先提出了用一阶差分 GMM（First Differenced GMM）估计方法来解决。但是，Blundell & Bond（1998）[②] 研究得出一阶差分 GMM 估计方法容易受到弱工具变量的影响而不能得到有效的估计结果。阿雷拉诺和博韦尔（Arellano & Bover，1990）[③] 以及布伦德尔和邦德（Blundell & Bond，1998）提出的系统 GMM（System GMM）估计方法能够有效克服弱工具变量问题。借鉴白重恩等（2008）[④] 和刘生龙等（2009）[⑤] 研究方法，本书选择以系统 GMM 方法进行估计。估计时，人口流动速度视为内生变量，以二阶滞后项作为工具变量。构建系统 GMM 估计的动

[①] Arellano M, Bond S. Some Tests of Specification for Panel Data：Monte Carlo Evidence and an Application to Employment Equations：Monte Carlo Evidence and an Application to Employment Equations. ［J］. Review of Economic Studies，1991，58（2）：277－297.

[②] Blundell R, Bond S. Initial Conditions and Moment Restrictions in Dynamic Panel Data Models ［J］. Journal of Econometrics，1998，87（1）：115－143.

[③] Arellano M, Bover O. Another Look at the Instrumental Variable Estimation of Error-components Models ［J］. Journal of Econometrics，1990，68（1）：29－51.

[④] 白重恩，钱震杰，武康平. 中国工业部门要素分配份额决定因素研究 ［J］. 经济研究，2008（8）：16－28.

[⑤] 刘生龙，王亚华，胡鞍钢. 西部大开发成效与中国区域经济收敛 ［J］. 经济研究，2009（9）：94－105.

态面板模型如下:

$$PRICEGROWTH\_h_{it} = \alpha_0 + \alpha_1 PRICEGROWTH\_h_{it-1}$$
$$+ \alpha_2 POP_{it} + \alpha_3 \Theta_{it} + u_i + u_t + \varepsilon_{it}$$

$$(5-5)$$

Θ_{it} 为控制变量集合,u_i 表示不可观测的省际效应,u_t 表示年度虚拟变量,ε_{it} 表示随机误差项。估计时,人口流动速度视为内生变量,以二阶滞后项作为工具变量。

5.2.4 模型回归结果

本书应用 Stata 10.0 软件进行系统分析,相关的实证结果在表 5-3 中给出。

表 5-3　　　　　　　系统 GMM 估计结果

解释变量	估计值
被解释变量 (-1)	0.094 *** (26.59)
POP	1.141 *** (56.78)
LRGDP	-0.006 *** (-16.26)
GDPG	0.001 *** (40.63)
PEREXPENDITURE	0.003 *** (6.25)
PRICEGROWTH_LAND	0.019 *** (48.38)
Cons.	0.080 *** (30.96)

注: *** 表示 1% 水平内显著,括号内表示 Z 统计值。

Arellano – Bond 自相关检验显示，扰动项差分存在一阶自相关，但不存在二阶自相关，故接受"扰动项无自相关"的原假设。Hansen 检验 P 值大于 10%，故接受"所有工具变量都有效"的原假设。以上两个检验意味着系统 GMM 模型适用。

模型回归结果显示，关键解释变量人口流动与房价增长率存在正相关，且在 1% 的水平上显著。人口流动增加 1 单位，会引起房价增长率提高 1.141 个单位，并且两者的相关系数在所有解释变量中是最高的。房价增长率的一阶滞后项、人均地区生产总值增长率、人均公共支出和地价增长率均与房价增长率正相关，且在 1% 的水平上显著。只有人均地区生产总值与房价增长率显著负相关，但相关系数很小。

5.2.5 回归结果的经济意义

住房作为基本需求与居民日常生活息息相关。随着人口的流入，流入地的住房需求必然增加。虽然城市规模在不断扩张，但短期内，城市的规模是一定的，能够供给的土地资源是有限的。一方面，在有限的土地资源上只能建造有限的住房，由于人口的流入，导致了住房的稀缺。当存在完善的房地产市场时，住房的稀缺性通过价格机制传导，必然带来房价的上涨。另一方面，人口增加还会放大土地资源的稀缺性，导致地价上涨。地价作为商品房成本的重要组成部分，其上涨会进一步引起房价的上涨。因此，随着人口流动规模的不断扩大，流入地的房价不断上涨。排除对商品房的投机需求，不考虑商品房的投资属性，我们可以认为流动人口是房价上涨的决定性因素。如图 4 – 2 所示，人口净迁移率排名靠前的地区（除新疆），房价上涨的幅度远远高于全国平均水平。

近年来，很多城市实行"购房落户"的政策，即只有购买了商品房，才能取得该城市的户籍，享受所带来的一系列福利。其背后的逻辑是，外来人口因购买商品房而给本地政府带来的财政收入需

第 5 章

人口流动对地方财政收支影响的实证分析

大于外来人口转变为户籍人口所增加的财政支出。只有满足这一逻辑，地方政府才有激励通过购买商品房的形式，为外来人口取得本地户籍提供一种途径。

房价增长率的一阶滞后项对房价增长率具有显著的正向影响。这说明，房价增长率具有惯性。居民在做出购房决策时会受预期影响，而房价变动将会影响人们的预期。当房价上涨时，人们预期房价上涨的概率增加，持观望态度的居民购房倾向加大，从而增加商品房需求，使得房价上涨。人均财政支出与房价增长率显著正相关，说明存在公共品的资本化机制。地方政府供给公共品，通过资本化的方式取得财政收入。正如在变量选取中分析的那样，地价的快速增长同样会推高房价，因此，地价增长率与房价增长率显著正相关。

5.3　人口流动对财政收入影响的实证分析

5.1 和 5.2 从地区生产总值和商品房价格两个渠道检验了人口流动对地方财政收入的影响。这一部分我们将利用实证分析，检验人口流动在多大程度上影响地方财政收入增长。

5.3.1　变量选取

根据前文的分析，一般预算财政收入增长率（REVGROWTH）作为本模型的被解释变量，而省际人口净迁移率（Sr）作为本模型最重要的解释变量。借鉴刘传江、段平忠（2005）[①] 对中国劳动力迁移与地区差距的实证分析，他们采用各省份人口净迁入数量的年均增长率作为劳动力迁移的指标，本书采用省际人口净迁移率作为省际人口流动的代理变量，预期人口净迁移率的系数为正。除净迁

---

① 段平忠，刘传江. 人口流动对经济增长地区差距的影响 [J]. 中国软科学，2005（12）：99 – 110.

移率指标外，模型中还加入对外开放度（OPENTRA）、人均实际地区生产总值的对数值（LRGDP）、地区生产总值增长率（GDPG）和投资率（INVESTR）四个控制变量。

维持经济稳定增长是财政的三大职能之一，特别是 GDP 增长率作为我国地方官员的政绩考核标准，被当作晋升标尺。地方官员具有强烈的发展经济的激励（周黎安，2007）[1]。而经济的发展必然会对地方财政收支产生影响。经济的发展会带来税基的扩大，增加税收收入；另一方面，随着经济的发展，居民的公共需求水平也会提高，意味着需要更多的财政支出。中央提出的"供给侧"改革就是为了更好地满足居民日益提高的需求水平。此外，地方政府会运用财政收支政策来发展经济，主要包括税收竞争和财政支出竞争。税收竞争通过给予外来企业税收优惠等措施，吸引外资的进入，地区间的税收竞争促进了经济增长（李涛，2011）[2]。地方政府通过调整财政支出结构，同样能够达到吸引外来资本的进入，从而促进本地经济发展的目的。因此，本书把地区生产总值增长率作为一个重要的控制变量加入到模型中。

人均地区生产总值用来刻画经济社会发展水平对财政平衡度的影响。人均 GDP 是当前居民生活水平的直观反应，一般用来衡量一个国家的经济社会发展水平。不同经济社会发展阶段，政府税制结构不同，地方政府的公共品供给偏好也不同，这些都会影响财政收入和支出，进而影响财政平衡度。人均实际地区生产总值是按照31 个省、直辖市和自治区 1995 年的不变价格换算而来的，并对人均地区生产总值取对数处理。

投资率用来反映投资因素对地方财政收支平衡的影响。投资是拉动经济增长的三驾马车之一。相对于消费和出口，投资具有见效快、可控度高的优点，地方政府更倾向于增加投资来驱动地

---

[1] 周黎安. 中国地方官员的晋升锦标赛模式研究 [J]. 经济研究，2007（7）：36－50.

[2] 李涛，黄纯纯，周业安. 税收、税收竞争与中国经济增长 [J]. 世界经济，2011（4）：22－41.

方经济增长。地方政府通过加强基础设施建设等方式增加政府投资，并变相降低投资者实际财政负担来吸引和鼓励投资。一方面，政府投资增加意味着政府支出规模扩大；另一方面，通过增加投资会引致税源的扩大，从而增加地方财政收入。这会对地方政府财政收入和支出的比值产生影响，从而影响地方财政收支平衡。

对外开放政策的施行，使得我们不仅引进了资本、技术和管理方式等，同时还改变了地方政府的约束激励、资源禀赋等，导致了地方政府调整财政政策（李建军，2012）①。对外开放程度成为地方财政平衡的重要影响因素之一。财政收入方面，企业在选择投资地②时，税率是决定性因素。企业更倾向于选择低税率地区进行投资建厂，而对政府而言则意味着税收收入的下降。另一方面，外资的引进还会使得税基扩大，从而增加税收收入。通过第 4 章的实证分析，对外开放度的提高会促进技术效率的进步，从而提高地区生产总值，增加财政收入。财政支出方面，地方政府为了吸引外资流入增加教育、科研、基础设施等投入，使得政府支出规模增加；地区间为吸引资本流入展开税收竞争，造成地方政府收入下降，进而又会导致财政支出规模下降。在这两方面的作用下，外资对财政收入的影响并不明晰。本书采用按经营单位所在地进出口额占地区生产总值的比重来衡量对外开放程度。

本书关于省际人口流动的数据来自 1995 年、2005 年全国 1%人口抽样调查和全国第五、第六次人口普查。本书只考察省际人口流动对地方财政收入的影响，因此在流动人口中剔除省内流动人口。变量的具体定义和数据来源见表 5 - 4：

---

① 李建军，王德祥. 经济开放与地方财政收支非平衡——基于中国省际面板数据的实证研究 [J]. 武汉大学学报（哲学社会科学版），2012，65（1）：106 - 112.

② 截至 2015 年，中国已经连续 24 年成为发展中国家中吸引外资最多的国家。一般跨国企业在选择投资地时，先选择国家，再选择地区。在大量外资涌入中国的背景下，各地区之间为吸引外资而展开竞争。

表 5 – 4   变量的具体定义和数据来源

变量	定义	计算方式	数据来源
REVGROWTH	地方财政一般预算收入增长率	本年度地方财政一般预算收入/上一年度地方财政一般预算收入	各年中国财政年鉴
Sr	人口净迁移率	省际净流动人口/平均人口	人口普查数据、人口抽样调查数据
GDPG	地区生产总值增长率	本年度 GDP/上年度 GDP – 1	各年中国统计年鉴
INVESTR	投资率	固定资本形成总额/地区生产总值	各年中国统计年鉴
LRGDP	人均地区生产总值的对数值	LN（地区生产总值/总人口）	各年中国统计年鉴
OPENTRA	对外开放度	进出口贸易总额/地区生产总值	各年中国统计年鉴

5.3.2 变量统计特征

从表 5 – 5 中可以看到，地方财政一般预算收入增长率最大值与最小值之间相差很大，接近 1.2，这表明我国地区间一般预算收入增长率差别较大。人口净迁移率的最大值与最小值相差 0.5 左右，这表明我国人口净流入地和净流出地有大量的人口流入和流出。地区生产总值增长率的均值为 0.12，表明从 1995 年到 2010 年，我国经济经历了年均 10% 的高速增长，这也是我国经济发展的黄金时期。投资率均值为 0.5 左右，处于较高的水平。这一时期，我国处于工业化、城镇化的发展阶段，均需要大量的固定资产投资，这是我国经济发展阶段的需要。人均地区生产总值最高的数据是上海市在 2010 年取得的，是最小值的 5.8 倍，表明我国地区间发展差距非常大。地区间发展差距的悬殊必然带来地区间财政收支不平衡。

表 5 - 5   变量统计特征

变量名称	统计数量	平均值	标准差	最大值	最小值
REVGROWTH	124	0.2179	0.1236	0.5331	- 0.6429
Sr	123	0.0135	0.0912	0.3867	- 0.1473
GDPG	124	0.1185	0.0271	0.2380	0.0271
INVESTR	123	0.5120	0.1361	1.1140	0.1360
LRGDP	124	8.0950	1.2675	10.7367	1.2675
OPENTRA	123	0.4065	0.5291	2.4563	0.0452

5.3.3 模型的构建

参照上一节中的模型构建，考虑到系统内生性问题，此处构建系统 GMM 面板模型如下：

$$revgrowth_{it} = \alpha_0 + \alpha_1 revgrowth_{it-1} + \alpha_2 sr_{it} + \alpha_3 \Theta_{it} + u_i + u_t + \varepsilon_{it}$$

$$(5 - 6)$$

$revgrowth_{it}$ 为一般预算财政收入增长率，sr_{it} 为人口迁移率，u_i 表示不可观测的省际效应，u_t 表示年度虚拟变量，ε_{it} 表示随机误差项。Θ_{it} 为控制变量集合。

5.3.4 模型回归结果

应用 Stata 10.0 软件，GMM 回归结果如表 5 - 6 所示。

表 5 - 6   系统 GMM 估计结果

解释变量	估计值
被解释变量（-1）	- 0.136 *** （- 10.39）
Sr	0.494 *** （11.47）

解释变量	估计值
OPENTRA	0.130 *** (12.82)
LRGDP	−0.009 ** (−2.06)
GDPG	3.068 *** (14.13)
INVESTR	0.002 *** (8.32)
Cons.	−0.167 *** (−7.11)

注：括弧内为对应 z 统计值，*** 、** 分别表示 1%、5% 水平内显著。

　　Arellano – Bond 自相关检验显示，扰动项差分存在一阶自相关，但不存在二阶自相关，故接受"扰动项无自相关"的原假设。Hansen 检验 P 值大于 10%，故接受"所有工具变量都有效"的原假设。以上两个检验意味着系统 GMM 模型适用。

　　模型回归结果显示，关键解释变量人口净迁移率与地方财政一般预算收入增长率存在正相关，且在 1% 的水平上显著，系数为 0.494。这意味着人口净迁移率每增加 1 单位，会引起一般预算收入增长率提高 0.494 个单位；对外开放度与被解释变量呈正相关，且在 1% 的水平上显著；人均地区生产总值的对数值与被解释变量显著负相关，但相关系数较小；地区生产总值增长率与被解释变量显著正相关，且系数较大；投资率与被解释变量呈正相关，且在 1% 的水平上显著，但是相关系数非常小。

5.3.5　回归结果的经济意义

　　人口净迁移率与地方财政一般预算收入增长率呈正相关，既符合本书的预期，又与前文 5.1、5.2 的研究结论相契合，即人口流入能够增加流入地财政收入。地方财政一般预算收入包括税收收入和非税收入。税收收入作为地方财政收入主要组成部分，约占一般预算收入的九成，可以近似地认为人口对财政收入的影响主要是对税收收入的影响。人口流入对流入地财政收入的促进作用最直观的表现是税基的扩大，人口数量增多表明纳税人数量增加。特别是所得税作为地方财政收入的主要来源之一，其纳税人随着工作地点变化而变化。而前文关于省际流动人口的特征表明，其大部分为劳动适龄人口，且迁移的目的主要为经济因素。这表明省际流动人口的劳动参与率较高。人口流入直接增加所得税的纳税人数量，从而增加财政收入。人口流入还能从地区生产总值和存量资产价格两方面间接促进地方财政收入增加。王智勇（2013）[①] 研究流动人口对地级市地区生产总值的影响，得出流动人口每增加 1%，会使得地区生产总值增加 0.54%。正如前文的研究结论，人口流动对地区生产总值具有"要素效应"和"效率效应"，从这两方面影响地区生产总值。此外，商品房作为最典型的存量资产，具有很强的代表性。人口流入还会增加流入地住房需求，从而引起房价上涨。这表明人口流动会促进存量资产价格上涨。存量资产对应的税收类型为财产税，财产税是美国地方政府最主要的财政收入来源，占地方税收总额的 80% 以上。虽然目前我国此种税收所占总税收的比重较小，但长期而言，有增长的趋势。按照生产法核算 GDP 总量，就是核算经济社会在一定时期内生产的货物和服务价值，剔除生产过程中投入的中间货物和服务价值，得到增加价值，对应的是货劳税，包括增值税、营业税、消费税等。按照收入法核算 GDP，就是核算要素收入亦即企业生产成本核算 GDP，对应的是所得税，包括个人所得税和企业所得税。因此，人口流动能够促进流入地税收收入增长。

一般而言，地区生产总值与税收收入成正比，地区生产总值增长幅度高的地区，其财政收入增量也大。关于税收收入与国内生产

---

① 王智勇. 流动人口与经济发展——基于地级市数据的研究［J］. 现代城市研究，2013（3）：12 - 20.

总值的关系，通常用宏观税负表示。宏观税负在国际惯例中一般是通过同时期税收收入占国内生产总值的比重来衡量。当宏观税负不变时，地区生产总值增长值越大，可获得的税收增量也越大。在我国现行的财政体制下，地区生产总值增长率作为考核地方政府官员的重要指标，必然受到官员的重视。在提高地区生产总值增长率获得上级好评的同时，能够取得更多的可支配收入，一举两得。

对外开放度衡量的是地区与全世界的"交流能力"。萧政和沈艳（2002）[①] 认为外国直接投资提高 1% 会使当年 GDP 增加 0.05%，但对 GDP 的长期影响更显著，达到 5.45%。GDP 的增长会带来税收的增加。另一方面，对外开放度的提高具有地区外溢性。以我国对外开放程度较高的广东省为例，广东省出口的大多为劳动密集型产品，需要雇佣大量的工人。在高工资的推动下，外省人口流入广东省，获得高于流出地的工资水平。最终人口流出地会获得外出工作者的收入回流，相应增加地方财政收入。

人均地区生产总值对地方财政一般预算收入增长率的负向影响表明，当前我国社会经济发展阶段，人均地区生产总值上升 1%，地方财政一般预算收入下降 0.009%。这表明，当前所处的社会发展阶段，提高人均地区生产总值会增加财政收入，但是增加的幅度越来越小。投资率对地方财政一般预算收入增长率的正向影响也很小，相关系数为 0.002。这表明，单纯依靠增加投资来获得财政收入的方式是不可持续的，取得的效果有限。

5.4　人口流动对地方财政支出影响的实证分析

为了进一步验证人口流动对地方财政支出的影响，本节将对其进行实证检验。按照前文的分析，分别检验人口流动对三类财政支出的影响。

---

① 萧政，沈艳. 外国直接投资与经济增长的关系及影响 [J]. 经济理论与经济管理，2002，V（1）：11－16.

5.4.1 变量选取及数据来源

本节分别以生产型、消费型和维持型支出为被解释变量，以人口净迁移率（Sr）为最重要的解释变量。模型中还加入人口增长率、地区生产总值增长率、人均地区生产总值、投资率和对外开放度五个控制变量。预期人口流动对消费型支出有正向的影响，对其余两种支出影响不确定。

辖区内人口的增长有两种途径：一是本辖区内总出生人口大于总死亡人口，即人口自然增长率大于零；二是流入人口大于流出人口，即净迁移率大于零。辖区内人口的增长会引起公共需求的上升，从而增加财政支出。本书研究净流入人口对财政支出的影响，所以必须剔除本辖区人口净增长的影响。因此本书把人口增长率（POPGROWTH）作为控制变量之一。

贾俊雪、郭庆旺（2008）[①] 把地方政府支出分为经济性支出、社会性支出和维持性支出三类，并分别用财政基本建设支出、科教文卫支出和行政管理支出来代表这三类财政支出的变化态势（贾俊雪等，2006[②]）。付文林（2007）、伍文中（2011）和张丽等（2011）均把地方政府支出分为社会服务性支出，包括文教卫支出和社会保障支出；基本建设支出，包括基本建设项目支出和工业交通部门、流通部门支出等。由于 2006 年我国财政实行收支分类改革，财政支出的统计口径发生了变化，需要对以后的数据进行调整，丛树海（2012）[③] 对我国的财政支出口径进行了重新划分。具体内容为，经济建设支出包括农林水事务、交通运输、粮油物资储备事务、采掘电力信息事务、金融事务和灾后重建支出；社会事业

① 郭庆旺，贾俊雪. 中央财政转移支付与地方公共服务提供 [J]. 世界经济，2008（9）：74 - 84.
② 贾俊雪，郭庆旺，刘晓路. 资本性支出分权、公共资本投资构成与经济增长 [J]. 经济研究，2006（12）：47 - 58.
③ 丛树海. 基于调整和改善国民收入分配格局的政府收支研究 [J]. 财贸经济，2012（6）：15 - 20.

支出包括教育、科技、文化体育与传媒、医疗卫生和环境保护支出；行政管理支出包括一般公共服务、外交、公共安全、城乡社区事务支出；其他支出包括其他支出、国债付息支出、社会保障和就业、保障性住房支出。本书在借鉴之前学者研究的成果之上，最终确定如下的具体支出项目：

生产型支出（EXGROWTH_PRO）：2006年之前，基本建设支出的口径一致。2007年以后统计口径发生变化，借鉴丛树海（2012）的文献，结合数据的可得性选取农林水事务和交通运输支出指标来代表。

消费型支出（EXGROWTH_CON）：2006年统计口径变化后，也选择文体广播事业费、教育支出和医疗卫生支出。它们三种支出的具体统计因素可能发生变化，但只是取其增长率作为被解释变量，影响不大。本书仍选择三者作为消费型支出的代表。

维持型支出（EXGROWTH_MAI）：2006年之前，选择行政管理费和公检法司支出，2007年以后选择一般公共服务和公共安全支出。

因为本章研究的是流动人口对财政支出的影响，流动人口选择的指标是净迁移率。相对应的，财政支出的指标选取也应为增长率。我们分别选取了上述三类支出年增长率作为被解释变量。变量的具体定义和数据来源见表5-7。

表5-7   **变量具体定义和数据来源**

变量	定义	计算方式	数据来源
EXGROWTH_PRO	生产型支出增长率	本期基本建设支出/前一期基本建设支出 -1	各年中国财政年鉴
EXGROWTH_CON	消费型支出增长率	本期文教卫支出/前一期文教卫支出 -1	各年中国财政年鉴
EXGROWTH_MAI	维持性支出增长率	本期行政管理费和公检法司支出/前一期行政管理费和公检法司支出 -1	各年中国财政年鉴

变量	定义	计算方式	数据来源
Sr	净迁移率	省际流动人口/平均人口	人口普查数据、人口抽样调查数据
POPGROWTH	人口增长率	出生率－死亡率	各年中国人口和就业统计年鉴
GDPG	地区生产总值增长率	本年度 GDP/上年度 GDP－1	各年中国统计年鉴
INVESTR	投资率	固定资本形成总额/地区生产总值	各年中国统计年鉴
LRGDP	人均地区生产总值的对数值	ln（地区生产总值/总人口）	各年中国统计年鉴
OPENTRA	对外开放度	进出口贸易总额/地区生产总值	各年中国统计年鉴

5.4.2　变量统计特征

从表 5－8 可以看出，生产型支出增长率的最大值为 0.89，是内蒙古在 2000 年的数据，最小值为同年的云南－0.87。最大值与最小值相差很大，接近 1.9。如此大的差距表明我国地区间基本建设支出的增量相差很大。消费型支出增长率的最大值为宁夏在 2005 年的数据，最小值为西藏 1995 年的数据。特别说明的是，只有西藏 1995 年的数据是小于零的，其余年度数据均大于零。消费型支出增长率的最大值与最小值相差不到 0.4，是三者中最小的。这表明，消费型支出规模相对而言比较稳定。前两个指标四期均值最大的地区为宁夏，这说明宁夏生产型和消费型支出增量最大。维持型支出的最大值为 1995 年北京市的数据，最小值为 2010 年西藏的数值。西藏的消费型支出增长率和维持型支出增长率均处于较低水平，是由于人口稀少，自然条件较差等原因。人口增长率最高的地区为西藏，均值达到 12.51%，这是由于特殊的民族政策。值得注意的是，上海在 1995 年和 2000 年的人口增长率为负的，但常住人口的统计数据是逐年增长的，这也证明了净流入人口的规模庞大。上海、北京和天津是人口增长率平均值的最低的地区，维持超大城市的劳动力需求，只能依靠流动人口。

表 5 - 8　　　　　　　　变量统计特征

变量名称	统计数量	平均值	标准差	最大值	最小值
EXGROWTH_PRO	123	0.2351	0.2690	0.8904	- 0.8747
EXGROWTH_CON	123	0.1737	0.0692	0.3798	- 0.0104
EXGROWTH_MAI	123	0.1675	0.0908	0.7473	- 0.0720
Sr	123	0.0135	0.0912	0.3867	- 0.1473
POPGROWTH	123	0.0672	0.0375	0.1610	- 0.0190
GDPG	124	0.1185	0.0271	0.2380	0.0271
INVESTR	123	0.5120	0.1361	1.1140	0.1360
LRGDP	124	8.0950	1.2675	10.7367	1.2675
OPENTRA	123	0.4065	0.5291	2.4563	0.0452

5.4.3 模型的构建

我们以各类支出增长率（EXGROWTH）为被解释变量，以人口净迁移率为关键的解释变量。控制变量有人口增长率、地区生产总值增长率、人均地区生产总值的对数值、投资率和对外开放度。财政支出具有惯性，当期支出受到上期支出的影响，因此在模型中加入被解释变量的一阶滞后项，这样成为了"动态面板"。考虑到人口净迁移率与财政支出增长率之间的因果内生性；另一方面，方程中包括被解释变量的一阶滞后项，模型的内生问题不可避免。这种内生情形下，采用普通的 OLS 进行回归，估计结果将变得不再可信。因此，结合上一节中人口流动对房价影响的分析，对方程（5-7）采用系统 GMM 估计方法进行估计。估计时，把人口净迁移率视为内生变量，以二阶滞后项作为工具变量。构建动态面板模

型如下:

$$EXGROWTH_{it} = \alpha_0 + \alpha_1 EXGROWTH_{it-1} + \alpha_2 Sr_{it} + \alpha_3 \Theta_{it} + u_i + u_t + \varepsilon_{it}$$
$$(5-7)$$

Θ_{it} 为控制变量集合,u_i 表示不可观测的省际效应,u_t 表示年度虚拟变量,ε_{it} 表示随机误差项。

5.4.4 模型回归结果

本书应用 Stata 10.0 软件进行系统分析,相关的实证结果在表 5-9 中给出。

表 5-9   系统 GMM 估计结果

解释变量	模型 1(生产型)	模型 2(消费型)	模型 3(维持型)
被解释变量(-1)	-0.019 (-0.28)	-0.170 (-1.49)	-0.205 *** (-5.69)
Sr	-0.340 (-0.58)	0.355 * (1.93)	-0.217 (-0.93)
OPENTRA	0.057 (0.43)	-0.095 ** (-2.08)	0.105 ** (2.18)
LRGDP	-0.072 ** (-2.34)	0.027 ** (2.31)	-0.102 *** (-8.73)
GDPG	3.805 *** (3.16)	0.440 * (1.72)	1.721 *** (7.91)
POPGROWTH	0.006 (0.54)	-0.003 (-1.02)	-0.023 *** (-4.09)
INVESTR	-0.004 ** (-2.25)	0.001 (1.16)	-0.001 (-1.01)
Cons.	0.569 *** (2.69)	-0.056 (-0.63)	0.985 *** (11.25)

注:括号内为对应 z 统计值,***、**、* 分别表示在 1%、5%、10% 水平上显著。

三个模型的 Arellano – Bond 自相关检验均显示，扰动项差分存在一阶自相关，但不存在二阶自相关，故接受"扰动项无自相关"的原假设。Hansen 过度识别检验可知，检验 P 值均大于 10%，故接受"所有工具变量都有效"的原假设。以上两个检验意味着系统 GMM 模型适用。

本书最关心的净迁移率对财政支出的影响，模型（1）、模型（3）的回归结果显示，净迁移率对生产型支出、维持型支出的影响并不显著；模型（2）的回归结果显示，净迁移率与消费型支出增长率正相关，且在 10% 的水平上显著。

模型（1）中，地区生产总值增长率对生产型支出增长率有显著的正向影响，且系数为 3.805，远高于另外两个模型。人均地区生产总值和投资率与被解释变量负相关，均在 5% 的水平上显著。被解释变量的滞后项、对外开放度和人口增长率对被解释变量的影响不显著。模型（2）中，对外开放度对解释变量的影响为负，且在 5% 的水平上显著。人均地区生产总值和地区生产总值增长率对其影响为正，且显著。被解释变量的滞后项、人口增长率和投资率对被解释变量的影响不显著。模型（3）中，被解释变量的滞后项、人均地区生产总值和人口增长率对其影响为负，且均在 1% 的水平上显著。对外开放度和地区生产总值增长率对其影响为正，分别在 5% 和 1% 的水平上显著。

5.4.5　回归结果的经济意义

对生产型支出而言，地方政府为了本地区的经济增长会过度供给此类支出。因人口流入而增加的人口数量并没有弥补地方政府过度供给生产型公共品的扭曲。而地方财政支出竞争来吸引人口的流入，研究表明地方政府会增加生产型支出，以达到"筑巢引凤"的效果（伍文中，2011）。本书的实证结果并不支持上述观点，一方面可能是因为当前经济因素对人口流动的影响，所占的比重是压倒性的。另一方面，政府增加生产型支出的主要目的是快速提高经济增长率，而不是仅仅为了吸引人口流入。模型（1）中的地区生产总值增长率对生产型支出的影响非常显著，而且横向对比模型（2）、模型（3），影响的系数远远大于另外两个模型。

对维持型支出而言，由于政府规模不断扩大，所能有效管辖的居民数量随之增多。本研究结果表明，流动人口增加的数量并不能显著增加维持型支出的规模，人口数量未超过政府有效管辖的范围。模型（3）中，人口增长率对其有显著的负效应。这说明，当流动人口数量为零时，本地区内人口自然增长率的提高会引起政府维持型支出的下降，表明人口的数量处于地方政府能够有效管理之内。在此规模以下，人口的流入，维持型支出的边际成本为零。所以，人口流入对维持型支出影响不显著。

人口流动对上述两种支出增长率无显著影响的另一个原因是地方政府缺乏向流动人口供给公共服务的激励。我国地方财政收入的主要来源多为生产和流通环节的间接税，几乎不具备收益税的特征，使得地方政府缺乏对流动人口供给公共服务的激励（甘行琼、刘大帅，2016）[1]。2016 年"营改增"全面施行之后，增值税中央和地方五五分成，地方财政收入的主要来源为增值税和企业所得税。而增值税为间接税，企业所得税虽然是直接税，但并不向个人征收。加上流动人口中缴纳个人所得税的比重较低，地方政府主观上认为其收入来源与流动人口关系不大。最终造成地方政府对流动人口缺乏供给公共服务的激励。

对消费型支出而言，随着人口的流入，辖区内居民本类型公共品的需求会增加。基于龚六堂和邹恒甫（2002）[2] 的设定，假设地方政府的目标是辖区内居民效用最大化。地方政府会对公共品的消费者进行甄别，防止其他地区的居民来消费其供给的公共品，使得其支出增加。政府虽然可以根据户籍制度等方式有效甄别流动人口

---

① 甘行琼，刘大帅. 完善地方税体系促进流动人口公共服务供给 [J]. 税务研究，2016（12）：33－38.

② Gong L，Zou H F. Effects of Growth and Volatility in Public Expenditures on Economic Growth: Theory and Evidence [J]. Annals of Economics & Finance, 2002, 3（2）：379－406.

和户籍人口，把非本地户籍的居民排除在外。但本研究表明，户籍制度并未完全阻碍流动人口享受流入地的消费型公共品。随着净迁移率的提高，消费型支出规模增大。以医疗卫生支出为例，流入人口会挤占原来本地居民的消费量，存在"拥挤效应"。这使得本地居民的福利水平下降，地方政府为了保障本地居民的福利水平，增加消费型公共品的供给量。随着医疗改革的深入，医疗保险统筹层次的提高，流动人口数量增加必然会扩大地方财政支出规模。当前，我国医疗保险的统筹层次多为市级统筹，医疗保险跨地市交接面临复杂的手续。由于医疗保险的缺口，有的医院甚至不收病人，对跨地区的病人更会设置重重障碍。而流入地政府为了控制支出增长和本地区居民的利益，反对全国统筹；而流出地政府为了减少支出，积极赞成全国统筹。随着流动人口规模的不断增长，加上医疗保险统筹层次的提高，人口流入地的财政支出压力越来越大，会采取更加严格的措施限制流动人口享受公共服务。长此以往，会激发严重的社会问题。这就需要中央政府的协调努力。本书的结论与付文林（2012）得出的随着迁移率的提升，消费型支出会下降的结论不同，主要是因为付文林的研究中迁移率的计算中包括了省内流动人口与省际流动人口，高估了迁移率。

对外开放度对消费型支出具有负向的影响，可能是因为随着对外开放度的提高，人们的健康观念更加科学，生活方式更加有益健康，这使得身体素质得到增强。身体素质的整体提高，降低疾病的发病率，从而减少了医疗卫生支出。而对外开放度的提高，带来政府事务的增多，必然增加政府支出，这也是本书中对外开放度与维持型支出呈正相关的原因。

人均地区生产总值采用了对数的形式，回归系数表示弹性，即人均地区生产总值每提高1%，会使得消费型支出增长0.027%，生产型支出下降0.072%，维持型支出下降0.102%。居民随着生活水平的提高，会更加注重文化、教育、医疗等更高层次的需求。

地区生产总值增长率对三类支出均为正向影响，其中影响最为显著的是生产型支出，影响系数最小的为消费型支出，二者系数相差悬殊。地区生产总值的快速增长，会引起生产型公共品比另外两种公共品更高比例的投资，主要因为政府官员更加偏好能够使得经济快速增长的生产型支出。政府官员对消费型支出偏好最低，是因为在官员任期内，增加消费型支出对地区生产总值的短期影响并不显著。在总支出规模一定的情况下，政府官员倾向于增加生产型支出规模，以取得更好的政绩。

投资率对生产型支出具有显著的负效应。因为，一方面，投资的增加会引起资本价格的上涨，会抑制政府支出规模；另一种观点认为，政府支出增加会鼓励私人投资。特别是政府对基础设施的投资能够增加私人资本回报率，从而鼓励私人投资。但政府投资总量增加会加重当地企业和居民的税收负担，长期来看，政府支出的增加会降低投资水平（包括政府投资和私人投资），对经济增长产生负面影响（Barro，1990）[1]。大多数经验研究，如范子英、张军（2010）[2] 认为长期来看，政府支出不利于投资水平提高和经济增长。本书的回归结果显示，投资率对生产型支出的负效应微乎其微。

5.5　小结

本章实证检验了人口流动对财政收入和财政支出的影响。首先，实证检验人口流动对财政收入的两个作用途径，在研究人口流动对地区生产总值的影响时，采用随机生产边界模型进行分析，结果表明人口流动对地区生产总值具有"要素效应"和"效率效应"。在两方面的作用下，人口流入能够促进流入地生产总值增长，进而提高流入地政府收入水平。而人口流动的"效率效应"符合当

---

[1]　Barro R J. Government Spending in a Simple Endogenous Growth Model [J]. Journal of Political Economy, 1990, 98 (5): 103–26.
[2]　范子英，张军. 中国如何在平衡中牺牲了效率：转移支付的视角 [J]. 世界经济, 2010 (11): 117–138.

前"供给侧"结构性改革的要求。在研究人口流动对存量资产价格的影响时，以最典型的房价为例。系统 GMM 回归结果显示，人口流动能够显著提高房价增长率。其次，为了验证以上两种途径对地方财政收入的影响，本章还考察了人口流动对地方财政收入的影响，回归结果显示，人口净迁移率的提高能够显著促进地方财政一般预算收入的增长。综上所述，人口流入能够显著的增加流入地财政收入。最后，本章通过系统 GMM 方法实证检验人口流动对三类财政支出的影响。回归结果显示，人口流动仅对消费型支出增长率具有显著的正效应，而对其他两类支出无显著影响。本章的研究为考察人口流动对地方财政收支平衡的影响做铺垫，下一章将进行详细研究。

第 6 章

人口流动对地方财政
收支平衡的影响

　　根据前两章的内容，我们分别分析了人口流动对地方财政收入和支出的影响，结果表明人口流入能够增加流入地财政收入和消费型支出，但是对地方财政平衡有何影响尚不明确。博德威和特雷布莱（Boadway & Tremblay, 2010）[1] 在包含中央政府与地方政府的框架下，分析人口流动对地区间财政平衡的影响。通过人口流动，引入横向财政外部性来弥补纵向财政外部性，降低贫穷地区的财政缺口，提高财政平衡度。此外，上述模型中还加入中央政府对贫穷地区的转移支付，本书的研究对象为地方本级财政收入，地方财政收入的统计口径中并未考虑中央政府的转移支付。博德威和特雷布莱（2010）为研究人口流动与地方财政收支平衡提供了理论框架，但并没有进行实证检验。下文准备实证检验人口流动对地方财政收支平衡的影响。

---

　　① Boadway R, Tremblay J F. Mobility and Fiscal Imbalance [J]. National Tax Journal, 2010, 63（4, Part 2）: 1023 – 1054.

6.1 财政收支比与净迁移率的统计分析

6.1.1 财政收支比的统计分析

亨特（1973）[①] 提出的财政不平衡系数为 1 减地方财政收入中来自中央政府转移支付的比重。此系数实质上以地方财政自有收入占地方总财政收入的比例来衡量地方财政不平衡程度。在地方政府预算平衡的假设下，财政收入与财政支出大体相当。此系数也可表述为地方财政自有收入占地方财政支出的比例。国内学者在研究财政分权时，采用的财政自给率[②]与这一指标类似。在我国现行财政制度下，地方政府一般预算收入包括本级地方政府财政收入和中央补助收入等，中央补助收入主要是中央政府的转移支付；地方政府的一般预算支出包括本级地方政府财政支出和上解中央等，上解中央占地方财政支出的比重微乎其微。地方财政收支平衡是地方财政自有收入和支出的对比关系，按照亨特的方法和财政平衡的定义，本章以地方财政本级收支为自有收支。用地方预算内本级财政收入与预算内本级财政支出的比率近似地描述地方财政平衡度（也可称为财政自给率）。该方法近似刻画财政平衡度的合理性在于：一方面，我国地方政府的本级财政收入均小于本级财政支出，财政缺口由中央政府的转移支付弥补；另一方面，地方政府的本级财政收入为其自有的、可自由支配的收入，本级财政支出是为满足公共需要而提供的各种公共品的实际支出。因此，若本级财政收支比提高，则地区财政趋于平衡；反之，若本级财政收支比低，则地区财政趋于不平衡。用如下变量来表示：

---

① Hunter J S H. Vertical Intergovernmental Financial Imbalance：A Framework for Evaluation [J]. Vrachebnoe Delo，1973，1（3）：481–492.

② 财政自给率是指地方政府一般预算收入与一般预算支出的比率。

$$SELFB_{it} = FR_{it}/FE_{it} \qquad (6-1)$$

式（6-1）左边表示地区财政平衡系数，右边的 FR 表示地方本级财政收入，FE 表示地方本级财政支出。对于我国的财政体制而言，$0 < SELFB < 1$，当其值越趋向于 1 时，表示地方财政收支越平衡；当其值越趋向于 0 时，表示地方财政收支越不平衡。另外，i 表示年份，t 表示地区（省、直辖市、自治区）。按照这种方法计算我国各地区财政收支平衡系数，如表6-1 所示。

表 6-1　　　　　　　各地区财政收支平衡系数

地区	1995 年	2000 年	2005 年	2010 年
北京市	0.7465	0.7788	0.8686	0.8663
天津市	0.6632	0.7143	0.7506	0.7763
河北省	0.6274	0.5986	0.5267	0.4722
山西省	0.6396	0.5087	0.5508	0.5021
内蒙古	0.4277	0.3843	0.4069	0.4706
辽宁省	0.6735	0.5706	0.5607	0.6273
吉林省	0.5234	0.3983	0.3282	0.3371
黑龙江	0.5802	0.4853	0.4039	0.3353
上海市	0.8485	0.7976	0.8610	0.8700
江苏省	0.6811	0.7582	0.7904	0.8302
浙江省	0.6480	0.7947	0.8428	0.8131
安徽省	0.6169	0.5525	0.4684	0.4442
福建省	1.0758	0.7222	0.7294	0.6793
江西省	0.9536	0.4992	0.4485	0.4046
山东省	0.6489	0.7563	0.7319	0.6633
河南省	0.6013	0.5532	0.4817	0.4044

地区	1995 年	2000 年	2005 年	2010 年
湖北省	0.6137	0.5813	0.4822	0.4043
湖南省	0.6218	0.5090	0.4526	0.4003
广东省	0.7274	0.8429	0.7895	0.8332
广西	0.5650	0.5689	0.4629	0.3845
海南省	0.6730	0.6114	0.4541	0.4661
重庆市		0.4649	0.5270	0.5571
四川省	0.5724	0.5174	0.4432	0.3668
贵州省	0.4547	0.4228	0.3505	0.3271
云南省	0.4183	0.4365	0.4080	0.3811
西藏	0.0617	0.0897	0.0649	0.0665
陕西省	0.4996	0.4231	0.4309	0.4319
甘肃省	0.4168	0.3256	0.2876	0.2408
青海省	0.2986	0.2429	0.1992	0.1483
宁夏	0.3906	0.3422	0.2978	0.2754
新疆	0.3971	0.4141	0.3474	0.2946

数据来源：根据各年《中国财政年鉴》整理而得。

从空间维度考察地方财政收支平衡系数得出，其存在地区差异，整体呈现东高西低的态势，东部地区的平衡系数明显高于中西部地区。东部地区除了河北省和海南省之外，其他地区的平均值均位于 0.6 以上。中部地区大多集中在 0.4 ~ 0.6 的区间，而西部地区大多聚集在 0.4 以下。东中西依次递减的趋势与经济发达程度相吻合。我国经济最发达的地区，如北京、上海、广东均位于 0.8 左右；而经济欠发达的西藏均值为 0.071，不足前者的十分之一，地区间的差距很大。通过图 6 - 1 更能直观的得出这一结论。

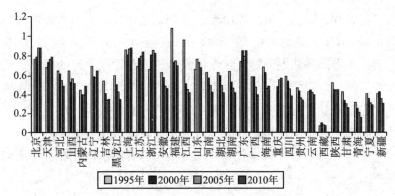

图 6 - 1 各地区财政收支平衡系数柱形图

从时间维度考察地方财政收支平衡系数,从 1995 年到 2010
年,地方财政收支平衡系数整体不断下降。1995 年全国均值为
0.59,2010 年均值为 0.49,下降了 20.4%。这说明,"分税制"改
革加剧了地方政府财政不平衡程度。具体到各个地区,东部地区的
情形最为复杂。东部地区中处于上升通道的地区包括:北京、天
津、江苏;处于下降通道的地区包括:河北、福建、海南。中部地
区除山西、内蒙古外,其他地区的财政收支平衡系数是下降的。这
说明,中部地区的地方政府本级财政收入与支出缺口有扩大的趋
势,越来越依靠中央政府对其补助。西部地区中除重庆市的地方财
政收支平衡系数是一直上升的,其他地区也是逐渐下降的。与中部
地区一样,西部地区地方本级财政收支缺口越来越严重,越来越依
靠中央政府对其补助。

6.1.2 人口净迁移率的统计分析

按照人口迁移率的定义,净迁移率为一定时期内,地区人口迁
入率与迁出率之差。净迁移率为正值时,说明在考察期内,本地区
流入人口大于流出人口;净迁移率为负值时,说明在考察期内,本
地区流入人口小于流出人口。人口净迁移率的分析与第 3 章类似,
在此不再赘述。此外,通过表 6 - 2 可以直观考察各地区省际流动

人口与平均人口的比值。2010 年，上海市省际流动人口所占的比率高达38.67%；北京市也有36.43%，遥遥领先于其他地区。这意味着，上海市和北京市的省际流动人口约占总常住人口的四成。之后的天津、广东、浙江，省际流动人口的比例为20%左右，也大幅度领先于其他地区。其他地区的比例均未超过10%。而安徽、江西、湖南、四川、贵州、重庆、河南和湖北流出人口所占的比率为10%左右。总之，人口净流入的地区与人口净流出的地区均比较集中。

表 6 – 2　　　　　　　　　各地区省际人口净迁移率

地区	1995 年	2000 年	2005 年	2010 年
北京市	5.10%	18.14%	28.33%	36.43%
天津市	1.83%	6.66%	13.76%	21.51%
河北省	−0.11%	−0.43%	−1.03%	−2.94%
山西省	0.28%	1.12%	0.09%	−0.43%
内蒙古	0.70%	0.18%	0.20%	1.53%
辽宁省	0.61%	1.64%	−0.49%	1.77%
吉林省	−0.52%	−1.12%	−2.53%	−3.34%
黑龙江	−0.51%	−2.07%	−4.12%	−5.35%
上海市	4.40%	19.21%	33.78%	38.67%
江苏省	0.45%	1.13%	4.34%	5.51%
浙江省	−0.63%	4.86%	13.67%	18.60%
安徽省	−1.11%	−6.54%	−11.37%	−14.73%
福建省	0.32%	3.97%	6.99%	7.19%
江西省	−0.86%	−8.18%	−10.65%	−11.66%
山东省	−0.01%	−0.08%	0.89%	−1.03%
河南省	−0.57%	−2.75%	−5.87%	−8.51%
湖北省	−0.08%	−3.69%	−6.99%	−8.52%
湖南省	−0.83%	−6.05%	−8.82%	−10.02%

地区	1995 年	2000 年	2005 年	2010 年
广东省	2.65%	19.54%	24.05%	20.04%
广西	-0.99%	-4.26%	-6.83%	-7.06%
海南省	0.52%	3.38%	2.00%	3.61%
重庆市		-1.95%	-8.84%	-8.92%
四川省	-1.15%	-7.46%	-8.35%	-9.58%
贵州省	-0.31%	-3.18%	-6.70%	-9.37%
云南省	0.26%	1.95%	0.47%	-0.54%
西藏	1.15%	3.46%	1.09%	3.69%
陕西省	-0.07%	-1.04%	-2.49%	-2.64%
甘肃省	-0.32%	-1.40%	-2.57%	-4.54%
青海省	0.35%	0.57%	-0.01%	1.36%
宁夏	0.09%	1.85%	0.40%	2.27%
新疆	2.65%	6.93%	5.80%	6.88%

数据来源：1995 年、2005 年 1% 全国人口抽样调查与 2000 年、2010 年全国人口普查。

6.1.3 财政收支比与净迁移率的相关性分析

利用表 6 - 1 和表 6 - 2 中的数据，运用软件 Stata 10.0 拟合地方财政收支比与省际人口净迁移率的关系，得到图 6 - 2。通过散点图拟合得到一条直线，这表明两者从数量上显示为正比例关系。财政平衡度高的地区更能吸引人口的流入。结合本章前两节的分析，财政平衡度高的地区，其财政收支比也越趋近于 1，从表 6 - 1 所列出的数据可以看出，一般为经济发达地区。而这些地区更能够吸引外省人口的流入。随着人口的流入，一方面，会使得本地区的生产总值增加，随之而来的是税收的增长，使得本级财政收入增加；另一方面，人口的流入会增加本地区政府的公共品供给量，从而使得财政支出增加。在这两方面共同作用下，人口流动对地方政府的财政平衡产生影响。

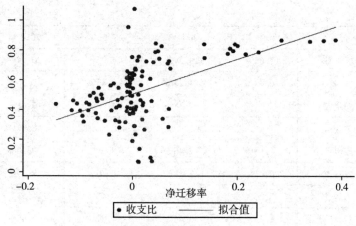

图6-2 地方财政收支比与净迁移率的拟合图

当然，毕竟散点拟合图仅局限于地方财政收支比和净迁移率两个变量，并没有加入控制变量，更为精确的分析还需要利用面板进行回归，下面两节分别从线性面板回归和非线性面板回归两个方面进行分析。

6.2　线性面板回归分析

6.2.1　变量选取及数据来源

根据前文的分析，财政平衡系数（SELFB）为本书的被解释变量，而省际人口净迁移率（Sr）作为本书最重要的解释变量。如前文所述，省际人口流动将通过地方财政收入和支出两方面来影响财政平衡。借鉴段平忠、刘传江（2005）[①] 对中国劳动力迁移与地区差距的实证分析，他们采用各省份人口净迁入数量的年均增长率作

---

① 段平忠，刘传江. 人口流动对经济增长地区差距的影响 [J]. 中国软科学，2005（12）：99-110.

为劳动力迁移的指标，本书采用省际人口净迁移率作为省际人口流动的代理变量，预期人口净迁移率的系数为正。除净迁移率指标外，模型中还加入地区生产总值增长率（GDPG）、人均实际地区生产总值的对数值（LRGDP）、投资率（INVESTR）和对外开放度（OPENTRA）四个控制变量。变量具体定义与前文相同，在此不再赘述。

本书关于省际人口流动的数据来自 1995 年、2005 年全国 1% 人口抽样调查和全国第五、第六次人口普查。本书只考察省际人口流动对地方财政平衡的影响，因此在地区流动人口中剔除省内流动人口。变量的具体定义和数据来源见表 6 – 3。

表 6 – 3　　　　　　　　变量的具体定义和数据来源

变量	定义	计算方式	数据来源
SELFB	地方财政平衡系数	地方本级财政收入/本级财政支出	各年中国财政年鉴
Sr	净迁移率	省际净流动人口/平均人口	人口普查数据、人口抽样调查数据
GDPG	地区生产总值增长率	本年度 GDP/前一年度 GDP – 1	各年中国统计年鉴
INVESTR	投资率	固定资本形成总额/地区生产总值	各年中国统计年鉴
LRGDP	人均地区生产总值的对数值	LN（地区生产总值/总人口）	各年中国统计年鉴
OPENTRA	对外开放度	进出口贸易总额/地区生产总值	各年中国统计年鉴

6.2.2　变量统计特征

从表 6 – 4 中可以看到，地方政府财政收支平衡系数均值约为 0.51，即地方政府的本级预算收入约占本级财政支出的一半。而最大值为 1.08，是福建 1995 年时的数据，数值大于 1，是由于"分税制"改革初期的历史遗留问题，此后三期的数据为 0.7 左右。平衡系数的最大值与最小值相差接近 1，这说明我国地方财政收支非常不平衡。人口净迁移率的最大值与最小值相差 0.5 左右，这表明我国人口净流入地和净流出地有大量的人口流入和流出。地区生产总值增长率的均值为 0.12，表明从 1995 年到 2010 年，我国经济经历了年均 10% 的高速增长，这也是我国经济发展的黄金时期。投资率均值为 0.5 左右，处于较高的水平。这一时期，我国处于工业化、城镇化的发展阶段，均需要大量的固定资产投资，这是我国经济发展阶段的需要。人均地区生产总值最高的数据是上海市在 2010 年取得的，是最小值的 5.8 倍，表明我国地区间发展差距非常大。地区间发展差距的悬殊必然带来地区间财政收支不平衡。

表 6 - 4　　　　　　　　　变量统计特征

变量名称	统计数量	平均值	标准差	最大值	最小值
SELFB	123	0.5097	0.1974	1.0758	0.0617
Sr	123	0.0135	0.0912	0.3867	- 0.1473
GDPG	124	0.1185	0.0271	0.2380	0.0271
INVESTR	123	0.5120	0.1361	1.1140	0.1360
LRGDP	124	8.0950	1.2675	10.7367	1.2675
OPENTRA	123	0.4065	0.5291	2.4563	0.0452

6.2.3　模型构建

基于已有的研究成果（夏纪军，2004；李建军，2012）和本书的分析，构建如下的计量模型：

$$\text{SELFB}_{it} = C + \beta_1 \text{GDPG}_{it} + \beta_2 \text{INVESTR}_{it} + \beta_3 \text{PERGDP}_{it}$$
$$+ \beta_4 \text{OPENTRA}_{it} + \beta_5 \text{Sr}_{it} + \varphi_{it} + u_t + \varepsilon_{it} \qquad (6-2)$$

式（6-2）中，φ_{it} 为地区效应项；u_t 为时间效应项；ε_{it} 为随机误差项。β_1，…，β_5 为各个解释变量的系数。i 表示地区，为我国

31 个省、直辖市和自治区。t 为时间，取值为 1995 年、2000 年、2005 年和 2010 年。

6.2.4 线性面板固定效应模型回归结果

在处理面板数据时，当扰动项与各期的被解释变量均不相关时（而不仅仅是当期的解释变量），采用固定效应模型；而当同一个体不同时期的扰动项之间的自相关系数不随时间距离而改变时，采用随机效应模型。通过豪斯曼检验（Hausman，1978）确定究竟该采用固定效应模型还是随机效应模型。豪斯曼检验的原假设"H_0：u_i 与 x_{it}，z_{it} 不相关"（即随机模型为正确模型）。无论原假设成立与否，固定效应都是一致的（陈强，2010）[①]。如果原假设成立，则随机效应模型比固定效应的更有效；如果拒绝原假设，则固定效应模型更有效。豪斯曼检验结果显示，拒绝原假设，故本书采用固定效应模型。

本书应用 Stata 10.0 统计软件进行系统分析，相关的实证结果在表 6-5 中给出。

表 6-5　　　人口流动对地方财政收支平衡影响的估计结果

变量	不加二次项
Cons	0.970 *** （14.43）
Sr	0.884 *** （5.35）
GDPG	−0.284 （−0.94）

① 陈强. 高级计量经济学及 Stata 应用［M］. 北京：高等教育出版社，2010 年.

续表

变量	不加二次项
INVESTR	0.001 * (1.63)
LRGDP	−0.061 *** (−5.33)
OPENTRA	0.016 (0.37)

注: *** 、 ** 、 * 分别代表在 1% 、5% 、10% 的水平上显著；括号内为对应 t 统计值。

　　估计结果显示，省际流动人口净迁移率与地方财政收支平衡系数正相关，系数为 0.884，且在 1% 的水平上显著。这说明流入人口对流入地的财政收入效应大于财政支出效应。地区生产总值增长率与地方财政收支平衡系数负相关，但并不显著。这与李建军（2012）回归结果类似。可能是因为，为经济增长而增加的生产型公共品的支出效应与其收入效应的关系并不确定，经济增长并未促进地方财政收支平衡。投资率对地方财政收支平衡的正向影响非常微小，且在 10% 的水平上显著。地方政府增加固定资产投资并不能明显地改善财政收支平衡。人均地区生产总值因为采用了对数的形式，回归结果的系数表示弹性，即人均地区生产总值每提高 1%，地方财政收支平衡系数下降 0.061%，且在 1% 水平上显著。最后，对外开放度并不显著地影响地方财政收支平衡。

6.2.5　回归结果的经济意义

　　本书的回归结果显示，省际人口净迁移率与地方财政平衡系数（也可称为财政自给率）呈正相关，意味着省际流动人口的财政收入效应大于财政支出效应。人口作为一种资源，其流入对地方的经济发展不仅起要素推动的作用，还起效率推动的作用。在这两种作用的推动下，促进了地区生产总值的增长，而地区生产总值的增长意味着财政收入的增加。此外，人口流入还会增加流入地的住房需求，从而推高流入地房价。房地产业作为地方政府的支柱产业之一，其繁荣发展能够增加地方政府财政收入。第 5 章中，人口流动对地方财政收入的实证检验结果显示，二者显著正相关，这表明人口流入促进流入地财政收入增长。而另一方面，人口流动对地方财政支出的实证检验结果显示，人口流入能够显著增加流入地消费型财政支出，而对其他两种类型的支出无影响。由于户籍等条件的限制，流动人口并不能均等地享受地方政府供给的公共服务。例如，流动人口不能均等的享受社会保障、教育等公共服务。加上地方政府缺乏对流动人口供给公共服务的激励，在此消彼长的作用下，人口流入能够提高流入地政府的财政自给率，进而促进流入地政府的财政平衡。同样的道理，人口流出对流出地政府的财政平衡是一种损害。从上一节人口净迁移率与地方财政收支平衡系数的关系可以得出，与人口净流入地相比，人口净流出地的财政平衡系数较低。而通过人口在地区间的流动，使得人口净流入地的财政平衡系数变得更大，人口净流出地的财政平衡系数变得更小，加剧了地区间的财政收支不平衡。综上所述，人口流入能够提高流入地政府的财政自给率，进而促进其财政平衡，但我国当前人口流动的现状，加剧了地区间的财政收支不平衡。

一般而言，地区生产总值增长率高的地区，其财政收入增量也大（刘金东、冯经纶，2014）。当财政支出不变时，财政收支平衡度将会提高。但在偏重 GDP 指标的财政体制下，地区生产总值增长率作为地方政府官员重要的晋升标尺，必然受到官员的重视。地方官员为提高本地区生产总值增长率与其他地区开展横向竞争，主要采取的措施为增加基础设施投资和税收竞争。改善本地区基础设施将有助于"招商引资"，从而实现更快的经济增长和改善政绩，而且显著改善的基础设施本身就是最容易度量的政绩（张军等，

2007)①。地方政府对生产型公共品的偏好，造成其过度供给，而且投资地区的数量也高于最优水平（傅勇、张晏，2007）②。面对"僧多粥少"的困境，其收入效应充满不确定性。正是因为对基础设施类的生产型公共品的过度投资，而其收入效应并不一定能够补偿支出，造成地区生产总值增长率对地方财政收支平衡影响不显著。

投资率的提高会带来一定的财政收益，与此同时也引起公共支出规模的相应扩张。房地产行业的投资约占整个固定资产投资的1/4。而整个房地产业投资给地方政府的收益并没有全部反映到地方政府的本级预算收入内。如土地出让金并没有纳入预算管理，也就未能反映到本书研究的地方财政收入项目中。这造成财政收入的低估，从而低估了财政平衡。与前文分析非税收收入的逻辑类似，地方财政财力越不足的地区，其自由支配的财力有限，越有增加如土地出让金之类收入的激励。只有当地的房地产市场繁荣了，才会增加土地需求。而要想发展房地产市场，需要地方政府加大固定资产投资，不仅指房地产业的投资，还包括道路等基础设施的投资。从全国范围来看，投资率的提高对促进地方财政收支平衡的效果有限。

人均地区生产总值对地方财政收支平衡的负向影响表明，在当前我国社会经济发展阶段，地区间收支差距将越来越趋于不平衡。"分税制"改革后，中央政府所占的收入比重不断上升，而地方政府所占的支出比重整体趋势为上升的。随着人均地区生产总值的增长，地方政府并不能完全占有因此而带来的福利增加，相反的，由于地方政府收入、支出的脱节，财政收入的增加幅度小于财政支出的增加幅度。因此，随着人均地区生产总值的提高，地方财政收支平衡度下降。随着社会经济的发展，地方政府的收入增加小于其支

---

① 张军等. 中国为什么拥有了良好的基础设施？[J]. 经济研究，2007（3）：4 - 19.

② 傅勇，张晏. 中国式分权与财政支出结构偏向：为增长而竞争的代价 [J]. 管理世界，2007（3）：6 - 6.

出增加的另一个解释为地方政府追求财政收入的最大化（陶然、杨大利，2008）。在分权的体制下，地方政府的支出是地方政府的"投入"，财政收入则是地方政府的产出。财政支出成为获得更多财政收入的工具和手段。一般而言，财政支出的边际收入是大于零且小于一的。因此，人均地区生产总值对地方财政收支平衡具有负向影响。

我国对外开放度高的地区大多位于东部沿海地区，把1995~2010年四期各地区的对外开放程度加总，排名前十位的地区均处于东部。萧政和沈艳（2002）① 研究认为外国直接投资，无论短期还是长期，对国内生产总值均具有正向影响。因此，东部地区与中西部地区相比，地方政府有更充足的财力来满足辖区内居民的公共需求。另一方面，对外开放度的提高具有地区外溢性，人口净流出地具有"收入回流"效应。人口流动的最主要因素为经济因素，外出工作者与不外出比获得更高的收入，而最终人口流出地会获得外出工作者的收入回流，相应的增加地方财政收入，进而促进财政收支平衡。

6.3 非线性面板回归分析

6.3.1 非线性的可能性

图6-3和图6-4分别列出了净迁移率大于零和小于零的地区财政收支平衡系数。柱形图表示省际净流动人口，折线图表示地区财政收支平衡系数。净迁移率大于零的地区，平衡系数均值为0.58，而其他地区均值为0.49。因此，总体而言，净迁移率高的地区拥有更高的平衡系数。在净迁移率为正的地区，随着净迁移率降

① 萧政，沈艳. 外国直接投资与经济增长的关系及影响［J］. 经济理论与经济管理，2002，V（1）：11-16.

低，平衡系数总体趋势是下降的，但是下降过程中出现波动。最明显的逆趋势地区为西藏，其平衡系数平均值为 0.07，是所有地区中最低的，其却位于人口净迁移率为正的区间。而图 6 - 4 中，山东的平衡系数平均值为 0.70，仅落后于上海、北京、福建、广东、天津、浙江和江苏，远高于净迁移率为负地区的平均值，但净迁移率为负。由此看出，净迁移率与地方政府财政收支平衡系数并不是简单的线性正相关关系，二者之间存在非线性相关的可能。

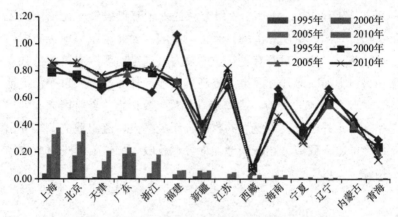

图 6 - 3　净迁移率为正的地区财政收支平衡系数

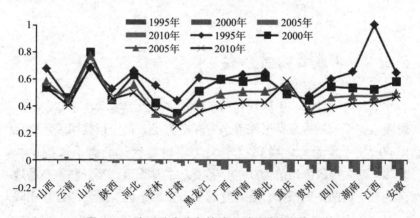

图 6 - 4　净迁移率为负的地区财政收支平衡系数

表 6 - 6 是在表 6 - 5 基础上加入 Sr 二次项进行固定效应模型回
归的结果。回归结果显示，Sr2 的回归系数显著为负（ - 1.615），
这意味着人口净迁移率对财政收支平衡的影响确实存在非线性
特征。

表 6 - 6 　　　　　　人口流动对地方财政收支平衡
影响的估计结果（加二次项）

变量	加二次项
Cons	0.911 *** (12.08)
Sr	1.238 *** (5.90)
Sr2	- 1.615 ** (- 2.21)
GDPG	- 0.393 (- 1.35)
INVESTR	0.001 (1.11)
LRGDP	- 0.049 *** (- 3.95)
OPENTRA	0.035 (0.83)

注：*** 、** 、*分别代表在 1%、5%、10% 的水平上显著；括号内为对应 t 统
计值。

图 6 - 5 是利用 Lowess Smoother 做的拟合图，可以看到，当人
口迁移率较低时，二者的关系相对较陡，而当人口净迁移率较高
时，二者的关系反而变得平滑。这也似乎表明，两者呈非线性正
相关。

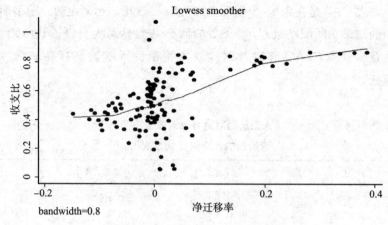

图 6 - 5 Lowess Smoother 拟合图

下面为了验证这一问题，我们采用非线性的门槛面板回归方法进行回归分析。

6.3.2 门槛面板模型原理

传统门槛分析方法多采用线性分割，即分异区间和样本分离点都是任意选择的，因此其门槛值是外生任意给定的，并非由经济内在机制所决定。在这种情况下，不仅不能推导出门槛值的置信区间，而且所得到参数估计值的有效性也相对较差。

本书运用汉森（1999）[1] 提出的面板门槛回归（Threshold Regression）方法，一方面，该方法不需要给定非线性方程的形式，门槛值及其数量完全由样本数据内生决定；另一方面，该方法提供了一个渐进分布理论来建立待估参数的置信区间，同时还可以运用"自举法"（Bootstrap）来估计门槛值的统计显著性。

汉森（1999）将"门槛回归"模型的基本形式定义如下：

$$y_i = \theta_1' x_i + e_i, \quad q_i \leqslant \gamma \tag{6-3}$$

① Hansen B E. Threshold Effects in Non-dynamic Panels: Estimation, Ttesting, and Inference [J]. Journal of Econometrics, 1999, 93 (2): 345 - 368.

$$y_i = \theta_2' x_i + e_i, \quad q > \gamma \qquad (6-4)$$

其中 q_i 被称为"门槛变量",它既可以是解释变量 x_i 中的一个回归元,也可以作为一个独立的门槛变量。根据其相应的"门槛值" γ,可将样本分成"两类"(two regimes)。定义一个虚拟变量 $d_i(\gamma) = \{q_i \leq \gamma\}$,定义指示函数 $\{\cdot\} = d_i(\gamma)$,令集合 $x_i(\gamma) = x_i d_i(\gamma)$,模型(6-3)和模型(6-4)可以写成:

$$y_i = \theta' x_i + \delta_n' x_i(\gamma) + e_i \qquad (6-5)$$

其中: $\theta = \theta_2$, $\delta_n = \theta_2 - \theta_1$。

运用条件最小二乘法求出使得残差平方和 $S_n(\gamma)$ 最小的门槛值 $\hat{\gamma}$:

$$\hat{\gamma} = \arg \min_{\gamma \in \Gamma_n} S_n(\gamma) \qquad (6-6)$$

根据门槛面板模型的思想,本书建立如下以人口净迁移率(Sr)为门槛变量的门槛面板模型。

$$\text{Selfb}_{it} = \alpha_0 + \alpha_1 \Theta_{it} + \beta_1 Sr_{it} \cdot I(Sr_{it} \leq \gamma_1) + \beta_2 Sr_{it} \cdot I(Sr_{it} > \gamma_1)$$

$$+ \cdots + \beta_{n+1} Sr_{it} \cdot I(Sr_{it} < \gamma_n) + \mu_i + \varepsilon_{it} \qquad (6-7)$$

其中, Θ_{it} 为控制变量,包括地区生产总值增长率、投资率、人均地区生产总值的对数值、对外开放度四个控制变量。下标 i 表示省份, t 表示年份。 μ_i 为无法观察到的不随时间变化的省份虚拟变量, ε_{it} 为随机扰动项。 $I(\cdot)$ 为指示函数, γ_1, $\gamma_2 \cdots \gamma_n$ 表示 n 个不同水平的门槛值。

6.3.3 门槛面板回归结果

运用 Stata 10.0 统计软件稳健的估计方法,对全部样本进行检验以确定是否存在门槛效应。由于样本有限,考虑到统计效能问题,我们此处最多检验到两个门槛值。表 6-7 中 F 统计量的显著性水平表明,门槛变量 Sr 存在 1 个门槛值。

表6-7 门槛效应估计与检验结果

门槛变量	假设检验		F统计值	不同显著水平临界值		
				90%	95%	99%
HUMK	H_0：没有门槛值	H_a：有1个门槛值	10.385***	2.259	4.423	9.218
	H_0：有1个门槛值	H_a：有2个门槛值	2.443	2.833	3.811	7.734

注：*** 表示在1%水平上显著。

对应的 LR（似然比）曲线图如图6-6所示。

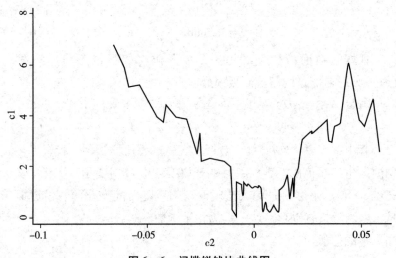

图6-6 门槛似然比曲线图

其内部运行原理为使得估计得到的门槛值确保 LR 数值最小，因此，曲线图的最低点都对应着门槛值位置。可以看到，在门槛值处，似然比处于最低位置。估计得到的门槛值约为 -0.0086，靠近零点附近，将定义域隔断为两个区间。

表6-8罗列了门槛值及对应门槛区间内的人口净迁移率系数估计值：

表 6 – 8   门槛回归估计结果

变量	系数
GDPG	– 0. 4923 * （ – 1. 8003）
INVESTR	0. 0003 （0. 5476）
OPENTRA	0. 0297 （0. 9295）
Sr_0 （Sr ≤ – 0. 0086）	1. 9674 *** （4. 1871）
Sr_1 （Sr > – 0. 0086）	0. 4138 ** （2. 2722）

注：***、**、*分别代表在1%、5%、10%的水平上显著；括号内为对应 t 统计值。

本书最为关心省际人口流动对地方财政收支平衡的影响，门槛回归结果显示：低于 – 0. 0086 的第一个区间内 Sr 系数为 1. 9674，1% 水平上显著；高于 – 0. 0086 的第二个区间内 Sr 系数 0. 4138，5% 水平上显著。为了便于说明，定义 Sr ≤ – 0. 0086 为第一区间；Sr > – 0. 0086 为第二区间。地区生产总值增长率与地方财政收支平衡系数呈负相关，且在 10% 的水平上显著。其余控制变量均与被解释变量无显著性影响。与上文中线性面板回归结果不同的是，人均地区生产总值的系数为负；地区生产总值增长率在 10% 水平上显著；投资率变为不显著。

6.3.4   回归结果的经济意义

首先，不论位于哪个区间内，省际人口净迁移率与地方财政收支平衡系数呈正相关。这意味着，人口流入对流入地的财政收入效应大于财政支出效应。这与线性面板的回归结果相同。

表 6 - 9 按照上文中确定的门槛值对我国 31 个省、直辖市和自治区进行了分组。从 1995～2010 年，一直位于第一区间内的包括位于西部的四川、重庆和广西，以及位于中部地区的安徽；大多数东部地区的省市位于第二区间，还有位于中部地区的山西、内蒙古，以及西部地区的青海、云南、西藏、新疆和宁夏；大部分中部地区的省市开始位于第二区间，最后位于第一区间。共有 11 个地区初始位于第二区间，最后位于第一区间，而没有一个地区是初始位于第一区间，最后位于第二区间的。这种在区间之间的单向流动，从另一个角度证明了在第一个区间内，提高人口净迁移率对地方财政收支平衡的影响大于其对第二个区间内地区的影响。

表 6 - 9   地区门槛分组

区间	地区
第一区间	四川省、重庆市、广西、安徽省
由第二区间到第一区间	河北省、山东省、陕西省、吉林省、黑龙江省、河南省、湖北省、湖南省、江西省、甘肃省、贵州省
第二区间	上海市、北京市、天津市、广东省、浙江省、福建省、江苏省、海南省、辽宁省、山西省、内蒙古、青海省、云南省、西藏、新疆、宁夏

注：因为缺失重庆市 1995 年数据，对其计算是从 2000 年开始，其他地区则为 1995 年。

通过两个区间的省际人口净迁移率回归系数可以得出，其对地方财政收支平衡的影响是逐级递减、逐渐趋弱的过程。与提高第二区间内地区的人口净迁移率相比，提高第一区间内的人口净迁移率能够更有效地促进本地区的财政收支平衡。位于第一区间内的地区，省际人口流入带来的财政收入效应大于其财政支出效应。且与第二区间内的省际流动人口相比，其改善财政收支平衡效应更加显著。位于第一区间内的安徽、四川、重庆和广西均位于净迁移率平均值的后几位，人口大量流出加剧了上述地区的财政收支不平衡。

因此，在地方财政平衡的目标假设下，应当鼓励人口向位于第一区间内的地区流动。

对人口流出地而言，人口流出意味着资源的流失。在我国省际人口流动的模式下，流动人口主要是劳动适龄人口，由于流动成本等因素的限制，其家人是非流动的，流动人口的收入则会回流到户籍地。收入回流业已成为农村家庭收入的重要来源，根据国家统计局组织的农村住户劳动力抽样调查：2000年外出半年以上的劳动力的人均收入转移为4522元（蔡昉等，2002）[①]。而2000年，农村居民家庭人均纯收入仅2253.4元。即便如此，收入回流并不能完全抵消人口流出对地方财政收入的损失。国际间的移民为此提供了证据。Desai et al.（2002）[②]通过研究2000年印度对美国移民的侨汇对印度税收的影响，结果表明由侨汇引起的税收收入占GDP的0.1%，而由于人口流失造成的税收损失占GDP的0.24%。位于第二区间的地区为大多数东部地区和少数中西部地区。东部地区因为经济发达，税源充足，提高净迁移率对财政收支平衡的影响不如中西部地区的显著。而其他位于第二区间的地区则为人均中央转移支付排名靠前的地区[③]。地方政府的收入更多地依赖于中央政府转移支付。地方政府的财政收支与本级财政收支的关联没有其他地区显著。这是提高人口净迁移率对地方财政收支的影响没有其他中西部地区显著的另一种解释。

虽然我国户籍制度逐渐放松，但是居民还不能自由的决定居住地。如某些城市的"积分落户"政策，是对外地人设置进入门槛。这一门槛就对人口禀赋进行了区分，只吸收高禀赋的人口，歧视低禀赋的人口。高禀赋人口一般拥有更高的资本，包括一般意义的资

[①] 蔡昉.2002年：中国人口与劳动问题报告：城乡就业问题与对策 ［M］.社会科学文献出版社，2002年.

[②] Desai B M A, Kapur D, Mchale J, et al. Conference Draft The Fiscal Impact of the Brain Drain: Indian Emigration to the U. S. ［J］. 2002.

[③] 西藏、青海、宁夏、新疆和内蒙古为1995年、2000年、2005年和2010年人均转移支付前五名.

本①和人力资本；反之，低禀赋人口中的代表为老人和儿童。按照新古典经济增长理论，资本作为生产要素进入生产函数。资本的增加，能够使本地区生产总值增长，地方财政的税基增加，进而地方税收收入增加。高禀赋人口的流出地在同一逻辑下，会出现相反的结果，因此，加剧财政收支不平衡。

2014年，新一轮户籍改革出台，提出"全面放开建制镇和小城市落户限制，有序放开中等城市落户限制，合理确定大城市落户条件，以及严格控制特大城市人口规模"②。由此可见，中小城市和建制镇的户籍改革程度较高，大城市以及特大城市户籍改革的瓶颈并未突破，尤其"北上广"等特大城市的户籍限制仍然非常严格。当前，我国省际流动人口主要为劳动适龄人口，如果能够放松户籍限制，流动人口可以在流入地定居，那么举家迁移的家庭会更多，会有更多的老人和儿童一起迁移。一般认为，老人和儿童并不能提供劳动力，对地区生产总值的贡献很小，对地方财政收入的贡献度很低；但老人和儿童对社会保障、医疗和教育等公共品的需求很大，需要政府大量的财政支出。因此，老人和儿童对地方财政收入的贡献度小于对财政支出的贡献度。老人和儿童跟随劳动适龄人口流出会减轻流出地的财政压力，从而促进人口流出地的财政收支平衡。而一般人口净流入地的财政平衡系数较高，单纯的老人和儿童流入会增加其财政支出，从而导致财政平衡系数下降，缩小了地区间的财政不平衡程度。但由于户籍制度的限制，此种途径并不能有效地实施。

6.4　小结

本书通过分析人口净迁移率与地方财政收支平衡的关系，认为

---

① 例如，某些城市存在的买房落户政策，只有拥有本城市一定面积的住房，才可以获得本地户籍。

② 参考《国务院关于进一步推进户籍制度改革的意见》，2014年7月30日。

净迁移率与地方财政收支平衡系数正相关。接着运用人口抽样调查和人口普查的数据，研究了人口流动对我国 31 个省、直辖市和自治区地方财政收支平衡的影响。首先，运用线性面板回归，得出提高人口净迁移率能够显著增加流入地的财政自给率，从而促进流入地的财政收支平衡，相反的，人口流出加剧流出地的财政不平衡。实证结果显示，Sr 提高 1 单位，地区财政平衡系数增加 0.884 个单位。但是，目前我国人口净流入地多为财政平衡度较高的地区，当前人口流动的现状，加剧了地区间的财政收支不平衡。进一步的研究发现，人口净迁移率与财政收支平衡的关系是非线性的，本书采用门槛面板回归对其进行研究。首先，确定样本中存在一个门槛，门槛值为 −0.0086，非常接近零；其次，门槛回归结果同样验证了提高人口净迁移率能够促进流入地的财政自给率，从而促进流入地的财政收支平衡。提高位于第一区间内地区的人口净迁移率，对本地区财政自给率的正效应大于提高第二区间内地区的正效应。这说明，当人口迁移率较低时，这种正效应较强，而随着人口迁移率的提高，这种正效应趋弱。

第 7 章

主要结论与政策建议

　　本章在上述理论分析和实证分析的基础上，系统总结人口流动对地方财政收支平衡影响的研究结论，并从人口流动的角度提出促进地方财政收支平衡的政策建议。政策建议主要包括：从公平的角度出发，对人口净流出地进行横向转移支付；继续打破户籍制度的限制，放松低禀赋人口流动性的限制；深化户籍制度改革，消除流动人口户籍歧视和地方政府增加消费型支出以满足流入人口的需求。

7.1　主要结论

7.1.1　人口流动对流入地财政收入具有显著的促进效应

　　人口作为一种重要的资源，无论是哈罗德 - 多玛模型中的劳动力，还是卢卡斯模型中的人力资本，均与人口密切相关。上述两个模型中，提高劳动力能够促进产出的增长，人力资本是经济增长的主要源泉。人口流动通过对地区生产总值和存量资产价格——两种途径影响地方财政收入。采用随机生产边界模型检验人口流动对地区生产总值的影响，回归结果显示，劳动力每提高 1%，地区生产总值增长 0.597%；人口净迁移率提高 1 单位，技术效率水平提高 0.195 个单位。人口流动对地区生产总值具有"要素效应"和"效率效应"。人口流入从两个方面驱动流入地的地区生产总值增长。

因为，商品房为最典型的存量资产，而房价是最具代表性的存量资产价格。本书通过研究人口流动对房价上涨的影响来考察其对存量资产价格的影响。受数据可得性的限制，与之前模型不同，采用人口流动速度作为人口流动的代理变量。运用系统 GMM 方法进行实证检验，回归结果显示，人口流动增加 1 单位，会引起房价增长率提高 1.141 个单位，人口流动能够显著的提高流入地房价增长率。因此，房价的上涨会增加流入地财政收入。综合上述两种途径，人口流入能够显著的增加流入地财政收入。

为了进一步验证人口流动与地方财政收入的关联，本书对人口净迁移率与地方财政一般预算收入增长率进行系统 GMM 回归，结果显示二者存在正相关，且在 1% 的水平上显著。这意味着人口净迁移率每增加 1 单位，会引起一般预算收入增长率提高 0.494 个单位。这更加夯实了人口流入能够使得流入地财政收入增加的结论。

7.1.2 人口流动对流入地消费型支出具有显著的正向影响

众多国内学者研究地方支出竞争对人口流动的影响，表明增加地方财政支出能够吸引人口流入。这与本书的研究起点不同，本书研究人口流动对地方财政支出的影响。有鉴于此，本书采用系统 GMM 的估计方法，能够有效地避免上述问题。参照已有研究中关于地方性公共品的分类，把地方性公共品分为生产型、消费型和维持型，与其相对应三类财政支出。人口净迁移率与上述三类支出增长率的系统 GMM 回归结果显示，人口流入对流入地的消费型支出增长率具有显著的正效应，流动人口净迁移率每增加 1 单位，消费型支出增长率增加 0.355 个单位，而对其他两类支出无显著影响。随着财政职能的转型，用于民生方面的支出所占比例越来越高。而流动人口对其具有显著的正效应。这表明，随着人口流动规模的日益扩大，对消费型支出的需求也越来越大。另一方面，随着医疗、养老保险等社会保险统筹层次的提高，人口净流入的增多需要更多的财政支出。因此，人口流入地的财政支出面临的压力越来越大。

7.1.3 人口流动影响地方财政收支平衡

因为人口流入对流入地财政收入的影响大于对财政支出的影响，所以会影响地方财政收支平衡。本书借鉴亨特（1973）提出的测算财政不平衡方法，利用地方本级预算内财政收入和支出数据测算地方财政收支平衡系数。结果显示，地方财政收支平衡系数存在地区差异。从空间维度考察，东部地区的平衡系数明显高于中西部地区。从时间维度考察，中西部地区的地方本级财政收支缺口越来越大。省际人口流向主要为中西部地区流向东部地区。具体考察二者之间的关联，首先采用线性面板模型估计，回归结果显示，人口净迁移率增加 1 单位，地方财政收支平衡系数上升 0.885 个单位。人口流入能够有效地促进净流入地的财政自给率，从而促进其财政收支平衡。人口流入对净流入地的财政收入效应大于财政支出效应。接着，采用非线性的门槛面板模型进行检验，回归结果显示，总样本存在一个门槛，门槛值为 -0.0086，位于零点附近。门槛把样本分为两个区间，在每个区间内，净迁移率均对流入地的财政自给率具有显著的正效应。在净迁移率低于门槛值的区间内，提高净迁移率对财政自给率的影响要大于净迁移率高于门槛值区间内的影响。

净迁移率对地方财政自给率的影响是逐级递减、逐渐趋弱的过程。回归结果表明，在地区间财政平衡的目标下，提高第一区间内地区净迁移率的平衡效应大于提高第二区间内地区净迁移率的平衡效应。当人口净迁移率较低时，其对财政自给率的正效应较强，而随着人口净迁移率的提高，这种正效应趋弱。第一区间内的是位于西部的四川、重庆和广西，以及位于中部地区的安徽；大多数东部地区的省市位于第二区间；大部分中部地区的省市开始位于由第二区间，最后位于第一区间。第一区间内的地区大多人口净流出，而第二区间的地区大多人口净流入。我国当前的人口流动现状，加剧了地区间的财政收支不平衡。引导人口流入第一区间内的地区，将有助于缩小地区间的财政不平衡。

7.2　政策建议

7.2.1　构建横向转移支付制度弥补人口流动的外部性

横向转移支付是在既定的财政体制下，同级政府之间财政资金的相互转移，是对中央与地方政府间纵向转移支付的补充。一般是财力充裕地区向财力不足地区进行转移，以达到缩小地区差距、均衡财力和实现基本公共服务均等化的目标。目前，实行横向转移支付制度的国家有德国、澳大利亚、日本和加拿大。我国尚无规范的横向转移支付制度，仅存在省际间"对口支援"。"对口支援"作为应急政策具有临时性、非制度化的特征。汶川地震后，为了加快灾后重建，各省对灾区进行"对口支援"。王玮（2010）[1] 认为"对口支援"横向财政平衡效应一般，不宜将"对口支援"常态化。

李齐云、汤群（2008）[2] 提出建立横向转移支付制度来进行生

---

① 王玮. 中国能引入横向财政平衡机制吗？——兼论"对口支援"的改革 [J]. 财贸研究，2010，21（2）：63 – 69.
② 李齐云、汤群. 基于生态补偿的横向转移支付制度探讨 [J]. 地方财政研究，2008（12）：35 – 40.

态补偿。本书也是基于"补偿"的角度，提出建立横向转移支付来弥补人口在地区间流动带来的外部性。通过本书的研究得出，人口流入使得流入地的财政收入效应大于支出效应，流入地获得人口流入的财政盈余。但对人口流出地而言，省际流出人口享受的教育、医疗等支出并未带来收益。因此，人口流出地对流入地存在正的外部性。奥尔森（Olsen，1969）[1] 认为转移支付制度是为了弥补地方性公共品的外部性。从公平的角度，人口流入地需对流出地进行补偿。若不存在横向转移支付制度，长此以往，人口流出地缺乏供给教育、医疗等公共服务的激励。因为流出地政府供给公共服务所产生的收益并不完全局限在本地区内，还会外溢到人口流入地。而公共服务的成本则由流出地负担，地方政府会低估此类公共服务的边际收益，导致供给数量小于最优供给规模。因此，流入人口的受教育程度下降，从而降低对流入地的经济增长贡献度。所以，从效率的角度，人口流入地对流出地进行补偿更符合效率的要求[2]。人口流出地获得流入地的横向转移支付后，增加供给公共服务的财力，缩小与流入地的财力差距。博德威和富莱特斯（Boadway & Flatters，1982）[3] 认为对人口流出地的转移支付可降低其人口迁出的激励，从而保证全局视角下人口空间配置的高效率。而人口流出对流出地的财政支出效应大于财政收入效应，会加剧地方财政不平衡。降低人口迁出的激励，更好地留住本地区人口，防止地区间财政不平衡的恶化。

由于同级政府之间的平等性，人口流出地政府并无权利要求流入地政府对其进行横向转移支付，这需要中央政府积极倡导和协调。中央政府的主动性是构建横向转移支付制度的关键前提（李齐云，汤群，2008）。张谋贵（2009）[4] 在借鉴国外经验基础上，提

① Mancur Olson J. The Principle of "Fiscal Equivalence": The Division of Responsibilities among Different Levels of Government [J]. American Economic Review, 1969, 59 (2): 479 - 87.

② 假设人口流入地补偿的额度小于其获得的财政盈余。

③ Boadway R W, Flatters F, Canada E C O. Equalization in a Federal State: An Economic Analysis [M]. Canadian Govt. Pub. Centre, Supply and Services, 1982.

④ 张谋贵. 建立横向转移支付制度探讨 [J]. 财政研究, 2009 (7): 20 - 22.

出横向转移支付主要依靠建立地区平衡基金来实现，资金来源为现有转移支付制度中的税收返还，基金按照人口进行分配。针对流动人口的横向转移支付应该根据流动人口的规模进行资金分配。按照人口普查数据中省外流动人口数据，确定与其他地区流动人口的规模，据此确定地区间横向转移支付的规模。

7.2.2 放松低禀赋人口流动性的限制，缩小地区间财政不平衡

人口禀赋包括人力资本和实物资本。人力资本与受教育程度等因素有关，而实物资本则包括不动产、金钱等资产。目前，我国的户籍制度限制了人口的自由流动。例如，大城市的落户政策，无论是"购房落户"还是"积分落户"，都限制了低禀赋人口向大城市迁移。这种歧视政策加剧了地区间财政不平衡。当前，我国省际流动人口主要为劳动适龄人口，如果能够放松户籍限制，流动人口可以在流入地定居，那么举家迁移的家庭会更多，会有更多的老人和儿童一起迁移。一般认为，老人和儿童不能提供劳动力，对地区生产总值的贡献很小，对地方财政收入的贡献度很低；但老人和儿童对社会保障、医疗和教育等公共品的需求很大，需要政府相应的支出。因此，老人和儿童对地方财政收入的贡献度小于对财政支出的贡献度。老人和儿童流出会减轻流出地的财政压力，从而促进其财政收支平衡。因此，放松低禀赋人口流动性的限制，有利于缩小地区间的财政收支不平衡。

7.2.3 深化户籍制度改革，消除流动人口户籍歧视

在当下中国现实中，户籍制度除了执行登记和管理人口的职能外，还与能够享受到的福利密切相关。户籍制度是一项与资源配置和利益分配紧密结合的制度。由于户籍制度的限制，非本地户籍人

口与本地户籍人口不能均等的消费全部公共品，如教育、医疗等公共品。流动人口只能享受公共交通、免费公园等数量有限的公共服务。一方面，这些支出占总财政支出的比重较小；另一方面，上述公共服务的边际成本很小，有的甚至为零。额外增加一位游客游览免费公园的成本几乎为零。流动人口享有的公共服务中有一些还需户籍地政府供给，加重了人口流出地的财政负担。如果把流动人口全部转化为户籍人口，人口流入地政府为了满足辖区内居民的公共需求而增加支出；与此同时，人口流出地政府的财政支出压力降低。在人口流入带来的流入地、流出地财政收入变动既定的假设下，通过放松户籍制度限制，人口流入地的财政支出增加，流入地的财政支出减少，会使得地区间财政趋于平衡。

虽然户籍制度的改革并不是以扩大人口流动规模为目的，但是随着改革的深入，它却不可避免的导致一定时期内人口流动规模的扩大。因此，人口流出地政府应采取积极措施留住人口，降低人口流动规模。

7.2.4 地方政府增加消费型支出以满足流入人口的需求

居民为了享受高水平的公共服务，会选择迁移到公共服务供给水平高的地区。已有研究发现，公共服务水平的提高会显著增加户籍人口的数量（付文林，2007）。因此，地方政府为了吸引人口的流入会扩大支出规模。此外，不同支出结构对人口流动的影响不同。地方政府的消费型支出对人口流入的影响要大于生产型支出对人口流入的影响（张丽，2011）。而本书研究发现，净迁移率与消费型支出具有显著的正向影响。人口流入规模的扩大，会导致消费型支出的扩张。如果流入地政府保持消费型支出规模不变，会造成消费型公共服务的拥挤，降低居民福利水平。长此以往，对其他地区居民的吸引力下降，甚至造成本地区居民的流出。消费型公共服务直接进入居民的效用函数，服务水平越高，居民获得的效用越大。因此，地方政府提高消费型支出占总支出的比例能够达到更好地吸引人口流入的效果。特别是中西部地区的地方政府，为了留住人口，甚至为了吸引人口的流入，更应当扩大消费型支出的比重。

地方政府为了追求短期内地区生产总值的快速增长，会增加生产型支出规模，相应挤占了消费型支出规模。付文林（2012）研究表明，中西部省份文教卫方面的公共服务的拥挤程度较高，亟须地方政府扩大消费型支出规模。人口流动对地区财政收支平衡的门槛回归结果显示，位于第一区间内的地区，提高人口净迁移率的财政平衡效应大于位于第二区间内的地区。而第一区间内的地区除河北和山东外，均位于中西部。因此，提高中西部地区消费型支出的比重，吸引人口流入，能够促进本地区的财政平衡，缩小地区间的财政不平衡。

7.3 研究展望

本书的逻辑起点为人口流动，只是单方向的研究人口流动对地方财政平衡的影响。而关于地方财政收支，特别是通过地方财政支出（提供地方性公共品），对人口流动的影响并不在本书研究范围之内。这也是本书作者下一步的研究对象，作者计划通过继续研究地方财政收支对人口流动的影响，结合本书的研究内容，深入刻画人口流动与地方财政收支的关联，进一步完善人口流动与地方财政关联的研究体系。

本书在研究人口流动对地方财政支出的影响时，只是通过研究人口流动对三类财政支出的影响（人口流动能够促进消费型支出增长）间接证明人口流动能够提高流入地的财政支出水平，而并没有直接对人口流动和地方财政支出水平进行实证检验。这是因为，从经验上看，人口流动提高地方财政支出水平比较容易理解，对其进行详细研究的意义不大。感兴趣的读者可以进行进一步的研究。

目前，我国流动人口的相关数据还比较缺失，特别是关于省际流动人口的数据更是凤毛麟角。由于省际流动人口的数据限制，本书利用仅有的 1995 年和 2005 年全国 1% 人口抽查数据和全国第五、第六次人口普查数据，直接计算出省际流动人口的数据。其他的统计年鉴中，并未包含省际流动人口的相关指标。本书的实证检验数据为四期，相隔五年的面板数据，相信数据充足的话能够得出更精准的结论。

参 考 文 献

［1］安体富. 民生财政：我国财政支出结构调整的历史性转折［J］. 地方财政研究，2008（5）：4－8.

［2］白重恩，钱震杰，武康平. 中国工业部门要素分配份额决定因素研究［J］. 经济研究，2008（8）：16－28.

［3］白极星，周京奎，佟亮. 人口流动、城市开放度与住房价格——基于2005－2014年35个大中城市面板数据经验研究［J］. 经济问题探索，2016（8）：19－27.

［4］蔡昉. 人口迁移和流动的成因、趋势与政策［J］. 中国人口科学，1995（6）：8－16.

［5］蔡昉. 为什么劳动力流动没有缩小城乡收入差距？［J］. 理论前沿，2005（20）：4－10.

［6］蔡昉. 中国流动人口问题［M］. 北京：社会科学文献出版社，2007年.

［7］蔡昉. 人口转变、人口红利与刘易斯转折点［J］. 经济研究，2010（4）：4－13.

［8］陈昌盛，蔡跃洲. 中国政府公共服务：基本价值取向与综合绩效评估［J］. 财政研究，2007（6）：20－24.

［9］陈刚，李树，陈屹立. 人口流动对犯罪率的影响研究［J］. 中国人口科学，2009（4）：52－61.

［10］陈志勇，张明喜. 我国地方财政不平衡的经验分析［J］. 中南财经政法大学学报，2007（4）：102－106.

［11］陈强. 高级计量经济学及Stata应用［M］. 北京：高等教

育出版社，2010.

[12] 陈彦斌，陈小亮. 人口老龄化对中国城镇住房需求的影响 [J]. 经济理论与经济管理，2013，V33 (5)：45 - 58.

[13] 丛树海. 基于调整和改善国民收入分配格局的政府收支研究 [J]. 财贸经济，2012 (6)：15 - 20.

[14] 邓可斌，丁菊红. 转型中的分权与公共品供给：基于中国经验的实证研究 [J]. 财经研究，2009，35 (3)：80 - 90.

[15] 邓曲恒. 城镇居民与流动人口的收入差异——基于 Oaxaca - Blinder 和 Quantile 方法的分解 [J]. 中国人口科学，2007 (2)：8 - 16.

[16] 邓子基. 财政平衡观与积极财政政策的可持续性 [J]. 当代财经，2001 (11)：22 - 25.

[17] 邓子基，唐文倩. 从新中国 60 年财政体制变迁看"分税制"财政管理体制的完善 [J]. 东南学术，2011 (5)：31 - 39.

[18] 丁菊红，邓可斌. 政府偏好、公共品供给与转型中的财政分权 [J]. 经济研究，2008 (7)：78 - 89.

[19] 丁菊红，邓可斌. 财政分权、软公共品供给与户籍管制 [J]. 中国人口科学，2011 (4)：44 - 52.

[20] 段成荣，孙玉晶. 我国流动人口统计口径的历史变动 [J]. 人口研究，2006，30 (4)：70 - 76.

[21] 段平忠，刘传江. 人口流动对经济增长地区差距的影响 [J]. 中国软科学，2005 (12)：99 - 110.

[22] 段平忠. 人力资本流动对地区经济增长差距的影响 [J]. 中国人口：资源与环境，2007，17 (4)：87 - 91.

[23] 段哲哲，黄伟任. 流动人口对地方政府基础教育公共财政支出的影响研究——基于 2010 - 2014 年福建省 58 个县市数据分析 [J]. 教育学术月刊，2016 (6)：46 - 52.

[24] 樊纲. 既要扩大"分子"也要缩小"分母"——关于在要素流动中缩小"人均收入"差距的思考 [J]. 中国投资与建设，1995 (6)：16 - 18.

［25］樊士德，姜德波．劳动力流动与地区经济增长差距研究［J］．中国人口科学，2011（2）：27 – 38．

［26］范子英，张军．粘纸效应：对地方政府规模膨胀的一种解释［J］．中国工业经济，2010（12）：5 – 15．

［27］范子英，张军．中国如何在平衡中牺牲了效率：转移支付的视角［J］．世界经济，2010（11）：117 – 138．

［28］傅勇，张晏．中国式分权与财政支出结构偏向：为增长而竞争的代价［J］．管理世界，2007（3）：4 – 22．

［29］傅勇．财政分权、政府治理与非经济性公共物品供给［J］．经济研究，2010（8）：4 – 15．

［30］付文林．人口流动的结构性障碍：基于公共支出竞争的经验分析［J］．世界经济，2007，30（12）：32 – 40．

［31］付文林．人口流动、增量预算与地方公共品的拥挤效应［J］．中国经济问题，2012（1）：41 – 53．

［32］甘行琼，刘大帅，胡朋飞．流动人口公共服务供给中的地方政府财政激励实证研究［J］．财贸经济，2015（10）：87 – 101．

［33］甘行琼，刘大帅．完善地方税体系促进流动人口公共服务供给［J］．税务研究，2016（12）：33 – 38．

［34］高翔．地方政府控制落户的行为逻辑及其制度基础［J］．浙江大学学报人文社会科学版，2015，45（5）：91 – 100．

［35］官汝凯．财政不平衡和房价上涨：中国的证据［J］．金融研究，2015（4）：66 – 81．

［36］郭庆旺，贾俊雪．中央财政转移支付与地方公共服务提供［J］．世界经济，2008（9）：74 – 84．

［37］国家人口和计划生育委员会流动人口司．中国流动人口发展报告2015［M］．北京：中国人口出版社，2015．

［38］何冰．影响地方财政平衡的因素分析［J］．中国财政，2008（24）：48 – 50．

［39］侯燕飞，陈仲常．中国"人口流动经济增长收敛谜

题"——基于新古典内生经济增长模型的分析与检验 [J]. 中国人口资源与环境，2016，26 (9)：11-19.

[40] 胡枫，李善同. 父母外出务工对农村留守儿童教育的影响——基于5城市农民工调查的实证分析 [J]. 管理世界，2009，(020)(2)：67-74.

[41] 胡焕庸，张善余. 中国人口地理. 上册 [M]. 上海：华东师范大学出版社，1984年.

[42] 胡荣才，刘晓岚，李伟. 劳动力流动、工业化进程对区域经济影响研究——基于面板数据模型的视角 [J]. 人口与经济，2011 (2)：45-51.

[43] 胡怡建，刘金东. 存量资产、虚拟经济与税收超GDP增长之谜 [J]. 财贸经济，2013 (5)：5-15.

[44] 贾洪文，颜咏华，白媛媛. 人口迁移、金融集聚对房地产价格影响的实证研究——基于省级面板数据模型的分析 [J]. 东北财经大学学报，2012 (5)：78-83.

[45] 贾俊雪，郭庆旺，刘晓路. 资本性支出分权、公共资本投资构成与经济增长 [J]. 经济研究，2006 (12)：47-58.

[46] 贾俊雪，郭庆旺，宁静. 财政分权、政府治理结构与县级财政解困 [J]. 管理世界，2011 (1)：30-39.

[47] 贾康，余小平，马晓玲. 财政平衡与财政赤字 [J]. 财经科学，2001 (1)：45-50.

[48] 贾康，张鹏，程瑜. 60年来中国财政发展历程与若干重要节点 [J]. 改革，2009 (10)：17-34.

[49] 贾康，梁季，张立承. "民生财政"论析 [J]. 中共中央党校学报，2011 (2)：5-13.

[50] 江杰，李志慧. 地方财政能力差异与转移支付均等化效应分析——基于湖南的实证研究 [J]. 地方财政研究，2006 (3)：21-25.

[51] 江庆. 中央与地方纵向财政不平衡的实证研究：1978-2003 [J]. 财贸研究，2006，17 (2)：78-84.

[52] 江庆. 省际间财力差距的地区分解和结构分解 [J]. 统计研究, 2009, 26 (6): 45 – 50.

[53] 江小国, 贾兴梅, 成祖松. 人口流动的经济增长效应及其模型解释 [J]. 统计与决策, 2016 (17): 58 – 61.

[54] 江依妮. 外来人口聚集地区公共服务支出研究——以广东省为例 [J]. 人口与经济, 2013 (5): 56 – 62.

[55] 李超, 倪鹏飞, 万海远. 中国住房需求持续高涨之谜: 基于人口结构视角 [J]. 经济研究, 2015 (5): 118 – 133.

[56] 李建军, 王德祥. 经济开放与地方财政收支非平衡——基于中国省际面板数据的实证研究 [J]. 武汉大学学报 (哲学社会科学版), 2012, 65 (1): 106 – 112.

[57] 李齐云. 完善我国财政转移支付制度的思考 [J]. 财贸经济, 2001 (3): 40 – 46.

[58] 李齐云, 刘小勇. "分税制"、转移支付与地区财政差距研究 [J]. 财贸经济, 2009 (12): 69 – 76.

[59] 李齐云, 汤群. 基于生态补偿的横向转移支付制度探讨 [J]. 地方财政研究, 2008 (12): 35 – 40.

[60] 李齐云, 伍文中. 政府间财政支出竞争性多标准检验及效应传导——兼析财政支出竞争的地区差异效应 [J]. 经济与管理研究, 2011 (1): 39 – 49.

[61] 李涛, 黄纯纯, 周业安. 税收、税收竞争与中国经济增长 [J]. 世界经济, 2011 (4): 22 – 41.

[62] 李祥云, 徐淑丽. 我国政府间转移支付制度的平衡效应——基于 2000—2010 年省际面板数据的实证分析 [J]. 中南财经政法大学学报, 2012 (4): 37 – 42.

[63] 林毅夫, 董先安, 殷韦. 技术选择、技术扩散与经济收敛 [J]. 财经问题研究, 2004 (6): 3 – 10.

[64] 刘成奎, 柯飔. 纵向财政不平衡对中国省际基础教育服务绩效的影响 [J]. 经济问题, 2015 (1): 7 – 14.

[65] 刘德军. 人口变化对财政收入的影响——以山东为例

[J]. 公共财政研究, 2015 (3).

[66] 刘会政, 王立娜. 劳动力流动对京津冀区域经济发展差距的影响 [J]. 人口与经济, 2016 (2): 10 – 20.

[67] 刘金东, 冯经纶. 中国税收超 GDP 增长的因素分解研究——基于 Divisia 指数分解方法 [J]. 财经研究, 2014, 40 (2): 30 – 40.

[68] 刘凤伟. 政府间转移支付的财政均等化效果分析——基于甘肃省的实证研究 [J]. 技术经济, 2008, 27 (10): 79 – 84.

[69] 刘生龙, 王亚华, 胡鞍钢. 西部大开发成效与中国区域经济收敛 [J]. 经济研究, 2009 (9): 94 – 105.

[70] 刘晓峰, 陈钊, 陆铭. 社会融合与经济增长: 城市化和城市发展的内生政策变迁 [J]. 世界经济, 2010 (6): 60 – 80.

[71] 刘小鲁. 区域性公共品的最优供给: 应用中国省际面板数据的分析 [J]. 世界经济, 2008 (4): 86 – 95.

[72] 刘佐. 中国直接税与间接税比重变化趋势研究 [J]. 经济研究参考, 2010 (37): 2 – 9.

[73] 梁云芳, 高铁梅. 我国商品住宅销售价格波动成因的实证分析 [J]. 管理世界, 2006 (8): 76 – 82.

[74] 陆铭, 欧海军, 陈斌开. 理性还是泡沫: 对城市化、移民和房价的经验研究 [J]. 世界经济, 2014 (1): 30 – 54.

[75] 陆益龙. 户口还起作用吗——户籍制度与社会分层和流动 [J]. 中国社会科学, 2008 (2): 149 – 162.

[76] 马拴友. 论完善我国政府间财政平衡制度 [J]. 经济体制改革, 1999 (2): 19 – 22.

[77] 马晓, 赵艾凤, 王妤. 转移支付的区域分配及其对财政收入差异的调节效果 [J]. 财贸经济, 2013 (12): 47 – 56.

[78] 彭健. "分税制" 财政体制改革 20 年: 回顾与思考 [J]. 财经问题研究, 2014 (5): 71 – 78.

[79] 平新乔, 白洁. 中国财政分权与地方公共品的供给 [J]. 财贸经济, 2006 (2): 49 – 55.

[80] 钱程. 我国省际人口流动与地区经济发展的均衡性研究 [D]. 首都经济贸易大学, 2014 年.

[81] 宋琪. 资本化视角下地方公共品供给的财政激励研究 [D]. 山东大学, 2016 年.

[82] 孙文学, 付海威. 财政体制创新是化解体制风险的当务之急——兼论地方财政平衡中的不平衡因素 [J]. 辽宁工业大学学报 (社会科学版), 2004, 6 (5): 85 - 87.

[83] 孙秀林, 周飞舟. 土地财政与"分税制": 一个实证解释 [J]. 中国社会科学, 2013 (4): 40 - 59.

[84] 唐虹. 瑞士财政平衡体制改革及其启示 [J]. 经济社会体制比较, 2014 (1): 1 - 7.

[85] 陶然等. 财政收入需要与地方政府在中国转轨和增长中的作用 [J]. 公共行政评论, 2008 (5): 6 - 40.

[86] 陶然, 周敏慧. 父母外出务工与农村留守儿童学习成绩——基于安徽、江西两省调查实证分析的新发现与政策含义 [J]. 管理世界, 2012 (8): 68 - 77.

[87] 汤玉刚, 宋琪. 转移支付促进区域经济收敛吗? [J]. 经济与管理研究, 2016, 37 (7): 19 - 28.

[88] 田发. 财政转移支付的横向财力均等化效应分析 [J]. 当代财经, 2010, 21 (4): 70 - 75.

[89] 王春艳, 吴老二. 人口迁移、城市圈与房地产价格——基于空间计量学的研究 [J]. 人口与经济, 2007 (4): 60 + 65 - 69.

[90] 王德祥, 李建军. 人口规模、"省直管县"对地方公共品供给的影响——来自湖北省市、县两级数据的经验证据 [J]. 统计研究, 2008, 25 (12): 15 - 21.

[91] 王海宁, 陈媛媛. 城市外来人口劳动福利获得歧视分析 [J]. 中国人口科学, 2010 (2): 47 - 54.

[92] 王金营, 李庄园. 快速成长城市流动人口对财政支出规模影响研究——以宁波市为例 [J]. 财政研究, 2015 (12): 82 - 89.

[93] 王丽娟. 人口流动与财政竞争——基于财政分区和户口政策的比较视角 [J]. 中央财经大学学报, 2010 (3): 17–21.

[94] 王美艳, 蔡昉. 户籍制度改革的历程与展望 [J]. 广东社会科学, 2008 (6): 19–26.

[95] 王玮. 中国能引入横向财政平衡机制吗?——兼论"对口支援"的改革 [J]. 财贸研究, 2010, 21 (2): 63–69.

[96] 王小鲁, 樊纲. 中国地区差距的变动趋势和影响因素 [J]. 经济研究, 2004 (1): 33–44.

[97] 王智勇. 流动人口与经济发展——基于地级市数据的研究 [J]. 现代城市研究, 2013 (3): 12–20.

[98] 魏万青. 户籍制度改革对流动人口收入的影响研究 [J]. 社会学研究, 2012 (1): 152–173.

[99] 吴俊培. 和谐社会财政政策研究 [J]. 财贸经济, 2009 (5): 42–45.

[100] 伍文中. 政府间财政支出竞争的人口流动效应分析 [J]. 统计与决策, 2011 (2): 132–134.

[101] 夏纪军. 人口流动性、公共收入与支出——户籍制度变迁动因分析 [J]. 经济研究, 2004 (10): 56–65.

[102] 萧政, 沈艳. 外国直接投资与经济增长的关系及影响 [J]. 经济理论与经济管理, 2002, V (1): 11–16.

[103] 许召元, 李善同. 区域间劳动力迁移对经济增长和地区差距的影响 [J]. 数量经济技术经济研究, 2008, 26 (2): 38–52.

[104] 严浩坤. 劳动力跨地区流动与地区差距 [J]. 地理科学, 2008, 28 (2): 179–184.

[105] 严浩坤, 徐朝晖. 农村劳动力流动与地区经济差距 [J]. 农业经济问题, 2008, 29 (6): 52–58.

[106] 阳立高, 廖进中, 张文婧. 农民工返乡创业问题研究——基于对湖南省的实证分析 [J]. 经济问题, 2008 (4): 89–92.

[107] 姚枝仲，周素芳. 劳动力流动与地区差距 [J]. 世界经济，2003 (4): 35-44.

[108] 尹恒，朱虹. 中国县级地区财力缺口与转移支付的均等性 [J]. 管理世界，2009 (4): 37-46.

[109] 殷世东，朱明山. 农村留守儿童教育社会支持体系的构建——基于皖北农村留守儿童教育问题的调查与思考 [J]. 中国教育学刊，2006 (2): 14-16.

[110] 余官胜. 对外直接投资、地区吸收能力与国内技术创新 [J]. 当代财经，2013 (9): 100-108.

[111] 余吉祥，沈坤荣. 跨省迁移、经济集聚与地区差距扩大 [J]. 经济科学，2013 (2): 33-44.

[112] 袁晓玲，张宝山，胡得佳. 人口迁移对区域经济增长地区差异的影响分析——以陕西省为例 [J]. 华东经济管理，2009，23 (9): 27-31.

[113] 曾军平. 政府间转移支付制度的财政平衡效应研究 [J]. 经济研究 2000 (6): 27-32.

[114] 赵永亮，杨子晖. 民主参与对公共品支出偏差的影响考察 [J]. 管理世界，2012 (6): 74-85.

[115] 赵志耘，郭庆旺. 试论财政不平衡的客观性 [J]. 财政研究，1992 (9): 36-39.

[116] 张恒龙，孟添. 中国财政体制 (1949-2004) 变迁的实证研究——基于财政压力与竞争的视角 [J]. 经济体制改革，2007 (4): 100-104.

[117] 张华初，罗光容，刘胜蓝. 农业转移人口市民化公共成本测算——以广州市为例 [J]. 城市问题，2015 (6): 7-13.

[118] 张军，吴桂英，张吉鹏. 中国省际物质资本存量估算：1952—2000 [J]. 经济研究，2004 (10): 35-44.

[119] 张军，高远，傅勇. 中国为什么拥有了良好的基础设施? [J]. 经济研究，2007 (3): 4-19.

[120] 张建武. 迁移劳动力留城与返乡意愿影响实证分析——

基于京、津、沪、穗的调查 [C].

[121] 张丽，吕康银，王文静. 地方财政支出对中国省际人口迁移影响的实证研究 [J]. 税务与经济，2011 (4)：13 - 19.

[122] 张丽. 公共产品配置对人口迁移的作用研究 [D]. 东北师范大学，2012 年.

[123] 张启春. 政府间转移支付与地区财力差距变化 [J]. 中南财经政法大学学报，2005 (6)：111 - 115.

[124] 张谋贵. 建立横向转移支付制度探讨 [J]. 财政研究，2009 (7)：20 - 22.

[125] 张馨. 论民生财政 [J]. 财政研究，2009 (1)：7 - 10.

[126] 张义博，刘文忻. 人口流动、财政支出结构与城乡收入差距 [J]. 中国农村经济，2012 (1)：16 - 30.

[127] 钟笑寒. 劳动力流动与工资差异 [J]. 中国社会科学，2006 (1)：34 - 46.

[128] 周黎安. 中国地方官员的晋升锦标赛模式研究 [J]. 经济研究，2007 (7)：36 - 50.

[129] 周燕萍. 我国省际人口流动的社会经济效应研究 [D]. 云南大学，2011 年.

[130] 朱洁，李齐云，孔德馨. 中国省际基本公共服务均等化程度评价研究 [J]. 东岳论丛，2015，36 (7)：112 - 117.

[131] Acosta P A, Fajnzylber P, Lopez H. The Impact of Remittances on Poverty and Human Capital：Evidence from Latin American Household Surveys [J]. Journal of Population Economics, 2007, 19 (2)：1 - 36 (36).

[132] Aigner D, Lovell C K, Schmidt P. Formulation and estimation of stochastic frontier production function models [J]. Journal of Econometrics, 1977, 6 (1)：21 - 37.

[133] Arellano M, Bover O. Another Look at the Instrumental Variable Estimation of Error-components Models [J]. Journal of Econometrics, 1990, 68 (1)：29 - 51.

［134］Arellano M，Bond S. Some Tests of Specification for Panel Data：Monte Carlo Evidence and an Application to Employment Equations：Monte Carlo Evidence and an Application to Employment Equations［J］. Review of Economic Studies，1991，58（2）：277 – 297.

［135］Aschauer D A. Is Public Expenditure Productive？［J］. Journal of Monetary Economics，1989，23（2）：177 – 200.

［136］Auerbach A J，Oreopoulos P. Analyzing the Fiscal Impact of U. S. Immigration［J］. American Economic Review，1999，89（2）：176 – 180.

［137］Battese G E，Coelli T J. Frontier Production Functions，Technical Efficiency and Panel Data：With Application to Paddy Farmers in India［J］. Journal of Productivity Analysis，1992，3（1）：153 – 169.

［138］Battese G E，Coelli T J. A Model for Technical Inefficiency Effects in a Stochastic Frontier Production Function for Panel Data［J］. Empirical Economics，1995，20（2）：325 – 32.

［139］Barro R J. Government Spending in a Simple Endogenous Growth Model［J］. Journal of Political Economy，1990，98（5）：103 – 26.

［140］Barro R J，Salaimartin X. Regional Growth and Migration：a Japan – U. S. Comparison［C］National Bureau of Economic Research，Inc，1992：312 – 46.

［141］Barro R J，Sala – I – Martin X. Capital Mobility in Neoclassical Models of Growth［J］. New Haven Connecticut Yale University Economic Growth Center Mar，1995，85（1）：103 – 115.

［142］Beine M，Docquier F，Rapoport H. Brain Drain and Economic Growth：Theory and Evidence［J］. Journal of Development Economics，2001，64（1）：275 – 289.

［143］Bhagwati J N. Income Taxation in the Presence of International Personal Mobility – Introduction［J］. 1982，18（3）：285 – 289.

[144] Bird R M. Threading the fiscal labyrinth: some issues in fiscal decentralization [J]. General Information, 1993, 46 (2): 207 – 227.

[145] Blundell R, Bond S. Initial Conditions and Moment Restrictions in Dynamic Panel Data Models [J]. Journal of Econometrics, 1998, 87 (1): 115 – 143.

[146] Boadway R W, Flatters F, Canada E C O. Equalization in a Federal State: an Economic Analysis [M]. Canadian Govt. Pub. Centre, Supply and Services, 1982.

[147] Boadway R, Marchand M, Pestieau P, et al. Optimal Redistribution with Heterogeneous Preferences for Leisure [J]. Journal of Public Economic Theory, 2002, 4 (4): 475 – 498.

[148] Boadway R, Tremblay J F. A Theory of Vertical Fiscal Imbalance [C] University of Kentucky, Institute for Federalism and Intergovernmental Relations, 2006: 1 – 27.

[149] Boadway R, Tremblay J F. Mobility And Fiscal Imbalance [J]. National Tax Journal, 2010, 63 (4, Part 2): 1023 – 1054

[150] Borrow, L. School Choice through Relocation: Evidence from the Washington, D. C. Area. [J]. Journal of Public Economics, 2002, 86 (1): 155 – 189.

[151] Borjas G J. Self-selection and the Earnings of Immigrants [C]. National Bureau of Economic Research, Inc, 1988: 531 – 553.

[152] Borjas G J. Economic Theory and International Migration [J]. International Migration Review, 1989, 23 (3): 457 – 485.

[153] Borjas G J, Hilton L. "Immigrants and the Welfare State: Immigrant Participation in Means – Tested Entitlement Programs." [J]. the Quarterly Journal of Economics, 1996, 111 (2): 575 – 604.

[154] Borjas G J. Welfare Reform, Labor Supply, and Health Insurance in the Immigrant Population [J]. Journal of Health Economics, 2003, 22 (6): 933 – 958.

［155］Braun J. Essays on Economic Growth and Migration ［J］. Ann Arbor Michigan University Microfilms International, 1993.

［156］Buchanan J M. Federalism and Fiscal Equity ［J］. American Economic Review, 1950, 40 （4）: 583 – 599.

［157］Bucovetsky S. Efficient Migration and Redistribution ［J］. Journal of Public Economics, 2003, 87 （87）: 2459 – 2474.

［158］Bucovetsky S. Public Input Competition ［J］. Journal of Public Economics, 2005, 89 （9 – 10）: 1763 – 1787.

［159］Cambridge: MIT Press. Beine M, Docquier F, Rapoport H. Measuring International Skilled Migration: A New Database Controlling for Age of Entry ［J］. World Bank Economic Review, 2007, 21 （2）: 249 – 257 （9）.

［160］Capps R, Fix M, Henderson E, et al. A Profile of Low – Income Working Immigrant Families ［J］. Urban Institute, 2013, 33 （4）: 1079 – 1082.

［161］Cebula R J, Alexander G M. Determinants of Net Interstate Migration, 2000 – 2004 ［J］. Journal of Regional Analysis & Policy, 2006, 36 （2）: 116 – 123.

［162］Cebula R, Nairreichert U, Coombs C. Gross In – Migration and Public Policy in the U. S. during the Great Recession: An Exploratory Empirical Analysis, 2008 – 2009 ［J］. Mpra Paper, 2013, 262 （18）: 74 – 83.

［163］Chiquiar D, Hanson G H. International Migration, Self – Selection, and the Distribution of Wages: Evidence from Mexico and the United States ［J］. Journal of Political Economy, 2002, 113 （2）: 239 – 281.

［164］Day K M. Interprovincial Migration and Local Public Goods ［J］. Canadian Journal of Economics, 1992, 25 （1）: 123 – 144.

［165］Dahlby B, Wilson L S. Fiscal Capacity, Tax Effort, and Optimal Equalization Grants ［J］. Canadian Journal of Economics,

1994, 27 (3): 657 – 672.

[166] Dahlby B. Dealing with the Fiscal Imbalances: Vertical, Horizontal, and Structural [J]. C. d. howe Institute, 2005.

[167] Desai B M A, Kapur D, Mchale J, et al. Conference Draft The Fiscal Impact of the Brain Drain: Indian Emigration to the U. S. [J]. 2002.

[168] Desai M A, Kapur D, Mchale J, et al. The Fiscal Impact of High – Skilled Emigration: Flows of Indians to the U. S. [J]. Journal of Development Economics, 2009, 88 (1): 32 – 44.

[169] Dustmann C, Frattini T, Halls C. Assessing the Fiscal Costs and Benefits of A8 Migration to the UK [J]. Fiscal Studies, 2010, 31 (1): 1 – 41.

[170] Docquier F, Rapoport H, Shen I. Remittances and Inequalities: A Dynamic Migration Model [J]. Journal of Economic Inequality, 2007, 8 (2): 197 – 220.

[171] Faini R. Remittances and the Brain Drain [J]. Ssrn Electronic Journal, 2007, volume 21 (2): 177 – 191 (15).

[172] Flatters F, Henderson V, Mieszkowski P. Public Goods, Efficiency, and Regional Fiscal Equalization [J]. Journal of Public Economics, 1974, 3 (2): 99 – 112.

[173] Gabriel S A, Nothaft F E. Rental Housing Markets, the Incidence and Duration of Vacancy, and the Natural Vacancy Rate [J]. Journal of Urban Economics, 2001, 49 (1): 121 – 149.

[174] Gabriel S A, Mattey J P, Wascher W L. Compensating Differentials and Evolution in the Quality-of – Life among U. S. States [J]. Regional Science & Urban Economics, 2003, 33 (5): 619 – 649.

[175] Gong L, Zou H F. Effects of Growth and Volatility in Public Expenditures on Economic Growth: Theory and Evidence [J]. Annals of Economics & Finance, 2002, 3 (2): 379 – 406.

[176] Grubel H G, Scott A D. The International Flow of Human

Capital: Reply [J]. American Economic Review, 1966, 56 (1): 268 – 274.

[177] Hainmueller J, Hiscox M J. Attitudes toward Highly Skilled and Low-skilled Immigration: Evidence from a Survey Experiment [J]. American Political Science Review, 2010, 104 (3): 61 – 84.

[178] Hamilton B W. Zoning and Property Taxes in a System of Local Governments [J]. Urban Studies, 1975, 12 (11): 1570 – 7.

[179] Hansen B E. Threshold Effects in Non-dynamic Panels: Estimation, Testing, and Inference [J]. Journal of Econometrics, 1999, 93 (2): 345 – 368.

[180] Hansen N A, Kessler A S. (Non –) Existence of Equilibria in Multicommunity Models [J]. Journal of Urban Economics, 2001, 50 (3): 418 – 435.

[181] Hanson G H. The Economic Consequences of the International Migration of Labor [J]. Annual Review of Economics, 2008, 1 (1): 179 – 208.

[182] Harris, J., and M. Todaro, Migration, Unemployment, and Development: A Two – Sector Analysis, American Economic Review, 1970, 60 (1), 126 – 142.

[183] Hettich W, Winer S. Vertical Imbalance in the Fiscal Systems of Federal States [J]. 1986, 19 (4): 745 – 765.

[184] Hsing, Yu. The Impacts of Welfare Benefits and Tax Burdens on Interstate Migration [J]. Journal of Regional Analysis & Policy, 1995, 25 (2).

[185] Hunter J S H. Vertical Intergovernmental Financial Imbalance: A Framework for Evaluation [J]. Vrachebnoe Delo, 1973, 1 (3): 481 – 492.

[186] Jagdish N. Bhagwati and John Douglas Wilson, eds. Cambridge, MA: The MIT Press, 1989.

[187] Justman M, Thisse J F. Implications of the Mobility of

Skilled Labor for Local Public Funding of Higher Education [J]. Economics Letters, 1997, 55 (3): 409 – 412.

[188] Justman M, Thisse J F. Local Public Funding of Higher Education When Skilled Labor is Imperfectly Mobile [J]. International Tax and Public Finance, 2000, volume 7 (3): 247 – 258 (12).

[189] Jorge A, Salazar – Carillo J. Income Taxation and International Mobility [J]. Southern Economic Journal, 1992, 58 (4): 1135.

[190] Keen M, Marchand M. Fiscal Competition and the Pattern of Public Spending [J]. Journal of Public Economics, 1997, 66 (1): 33 – 53.

[191] Kessler A S, Hansen N A, Lessmann C. Interregional Redistribution and Mobility in Federations: A Positive Approach [J]. Review of Economic Studies, 2004, 78 (4): 1345 – 1378.

[192] Kessler A S, Lessmann C. Interregional Redistribution and Regional Disparities: How Equalization Does (Not) Work [J]. Cepr Discussion Papers, 2010.

[193] Krugman P. On the Number and Location of Cities [J]. European Economic Review, 1993, 37 (2 – 3): 293 – 298.

[194] Levitt P. The Metrics of the Physician Brain Drain [J]. New England Journal of Medicine, 2005, 353 (17): 1810 – 1818.

[195] Lucas R E. On the Mechanics of Economic Development [J]. Journal of Monetary Economics, 1988, 22 (1): 3 – 42.

[196] Mancur Olson J. The Principle of "Fiscal Equivalence": The Division of Responsibilities among Different Levels of Government [J]. American Economic Review, 1969, 59 (2): 479 – 487.

[197] Meeusen W, Broeck. Efficiency Estimation from Cobb – Douglas Production Functions with Composed Error [J]. International Economic Review, 1977, 18 (2): 435 – 444.

[198] Mountford A. Can a Brain Drain be Good for Growth in the

Source Economy? [J]. Journal of Development Economics, 1997, 53 (2): 287 – 303.

[199] Musgrave R A. The Theory of Public Finance: a Study in Public Economy [J]. American Journal of Clinical Nutrition, 1959, 99 (1): 213 –213.

[200] Oates W E. The Effects of Property Taxes and Local Public Spending on Property Values: An Empirical Study of Tax Capitalization and the Tiebout Hypothesis [J]. The Journal of Political Economy, 1969, 77 (6): 957 –971.

[201] Qing Y U, Kaiyuen T. Factor Decomposition of Sub-provincial Fiscal Disparities in China [J]. China Economic Review, 2005, 16 (4): 403 –418.

[202] Rappaport, J. "How does Labor Mobility Affect Income Convergence?" [J]. Journal of Economic Dynamics & Control, 2005, 29 (3), 567 –581.

[203] R. Barro and X. Sala – I – Martin, Convergence across States and Regions [M], Brookings Paper on Economic Activity, 1, 1991: 107 –182.

[204] Saiz A. Room in the Kitchen for the Melting Pot: Immigration and Rental Prices [J]. The Review of Economics and Statistics, 2003, 85 (3): 502 –521.

[205] Sinn H. EU Enlargement and the Future of the Welfare State [J]. Scottish Journal of Political Economy, 2002, 49 (1): 104 –115.

[206] Slack E. Fiscal Imbalance: The Case for Cities [J]. Institute on Municipal Finance & Governance, 2006.

[207] Smith J P, Edmonston B. The new Americans: Economic Demographic and Fiscal Effects of Immigration. [J]. International Migration Review, 1998, 31 (4): 93 –98.

[208] Starrett D A. On the Method of Taxation and the Provision of Local Public Goods [J]. American Economic Review, 1980, 70 (3):

380 – 392.

[209] Taylor A M, Williamson J G. Convergence in the Age of Mass Migration [J]. European Review of Economic History, 1997, 1 (1): 27 – 63.

[210] Temple J. The New Growth Evidence [J]. Journal of Economic Literature, 1999, 37 (1): 112 – 156.

[211] Tiebout C M. A Pure Theory of Local Expenditures [J]. Journal of Political Economy, 1956, 64 (5): 416 – 424.

[212] Dahlby B, Wilson L S. Fiscal Capacity, Tax Effort, and Optimal Equalization Grants [J]. Canadian Journal of Economics, 1994, 27 (3): 657 – 672.

后　记

本书是作者在博士论文基础上修改完成的，回顾整个论文创作过程，感慨良多。

博士求学阶段即将告一段落，心中充满欣喜与失落。欣喜的是即将面对新的挑战，斗志昂扬；失落的是即将离开旧的征程，依依不舍。虽然博士阶段的求学经历充满迷茫和挑战，但是历练过后，收获的不仅是学术能力的提高，还有对生活的豁达与感恩。在面对迷茫与徘徊的时候，保持一颗豁达之心，不断探索，终成正果。博士论文的完成绝非一人之力，十万字的背后凝结着太多人的帮助与支持，有太多的人值得我去感激。

在此，感谢所有在论文完成过程中给予我指导和帮助的人。

首先要感谢我的导师李齐云教授。本书是在先生的悉心指导下完成的，没有他的辛劳付出，我的论文绝不可能是如今的模样。论文最初选题时，先生建议从当时的热点问题中筛选题目，要研究"真问题"，本着服务国家的理念。因此，先生建议我以人口流动对地区财政平衡的影响为博士论文选题。在写作过程中，我与先生不断探讨写作思路、整体框架等具体问题。面对我众多的疑惑，先生均耐心解答，为我的论文提出了宝贵的意见。在最后的修改阶段，先生大到文章逻辑，小到标点符号，均一一批阅指正。在这一过程中，先生严谨的治学态度、精益求精的工匠精神，深深地影响着我。在以后的学术研究中，要学习先生严谨的治学态度、精益求精的精神。不仅如此，先生在生活中更是为人师表、平易近人、和蔼可亲。我师从先生近十年，恩师一直保持谦谦君子之风，为我们为人处世树立了榜样。先生言传身教，谨记于心，唯日后不断努力，不负师恩！

　　还要感谢山东大学经济学院财政系的李文老师、陈东老师、李华老师、解垩老师和汤玉刚老师在论文选题和写作中给予的宝贵建议。正是由于众位老师的指导，我能更顺利的克服遇到的问题。感谢经济学院研究生办公室的翟凤琴老师、吕民老师、于春梅老师和林竹老师，正是由于你们的工作，为我们提供了良好的学习环境。感谢既是老师也是同学的王永军同志为我们学习提供的诸多便利，希望能和王老师一起顺利毕业。

　　感谢我的朋友和同学们。首先，感谢我的同窗兼室友宋琪。不仅在生活中包容我、鼓励我，在论文写作过程中我遇到任何问题，向他请教，均细致解答，对给他带来的打扰感到抱歉。感谢李娟娟同学在论文写作过程中的交流与建议，拓宽了写作的思路和角度。感谢迟成对本书实证部分提出的建议。感谢马磊兄对论文修改提供的大量帮助。感谢所有2011级博士同学，作为班长，工作不到位的地方，还请大家海涵。

　　感谢家人对我的支持。感谢父母对我二十余年求学路的支持，没有你们的支持与鼓励，理解与包容，就没有现在的我。当看到你们丝丝银发，心中充满愧疚，唯有以后尽心孝敬，不负养育之恩。感谢我的妻子苏雯锦同志近十年的相伴，对我不离不弃，"执子之手，与子偕老"，别无他言。

　　最后，感谢山东省公共经济与公共政策重点研究基地对青年后学的大力扶持和齐鲁文库编委会对本书的中肯评价。祝山东省公共经济与公共政策重点研究基地和山东大学公共经济与公共政策研究中心越办越好、再创辉煌！

　　言有尽而意无穷，菲薄的文字不足以表达我的感谢之情，唯有以后尽心报答。祝福所有帮助我的人幸福安康！回首过往，步履蹒跚；展望未来，信心满满！即将踏入新征程的我，对自己说"长风破浪会有时，直挂云帆济沧海"。

朱洁

2018年4月